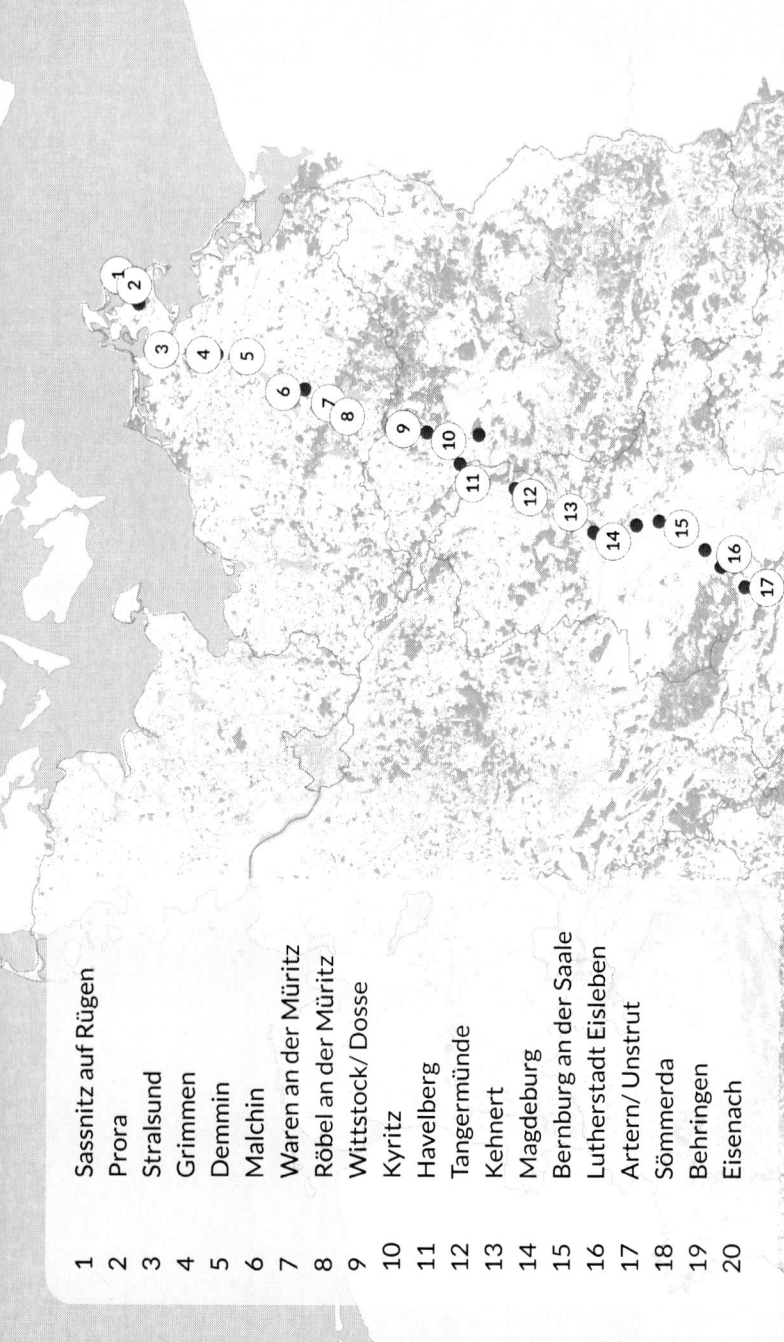

1 Sassnitz auf Rügen
2 Prora
3 Stralsund
4 Grimmen
5 Demmin
6 Malchin
7 Waren an der Müritz
8 Röbel an der Müritz
9 Wittstock/ Dosse
10 Kyritz
11 Havelberg
12 Tangermünde
13 Kehnert
14 Magdeburg
15 Bernburg an der Saale
16 Lutherstadt Eisleben
17 Artern/ Unstrut
18 Sömmerda
19 Behringen
20 Eisenach

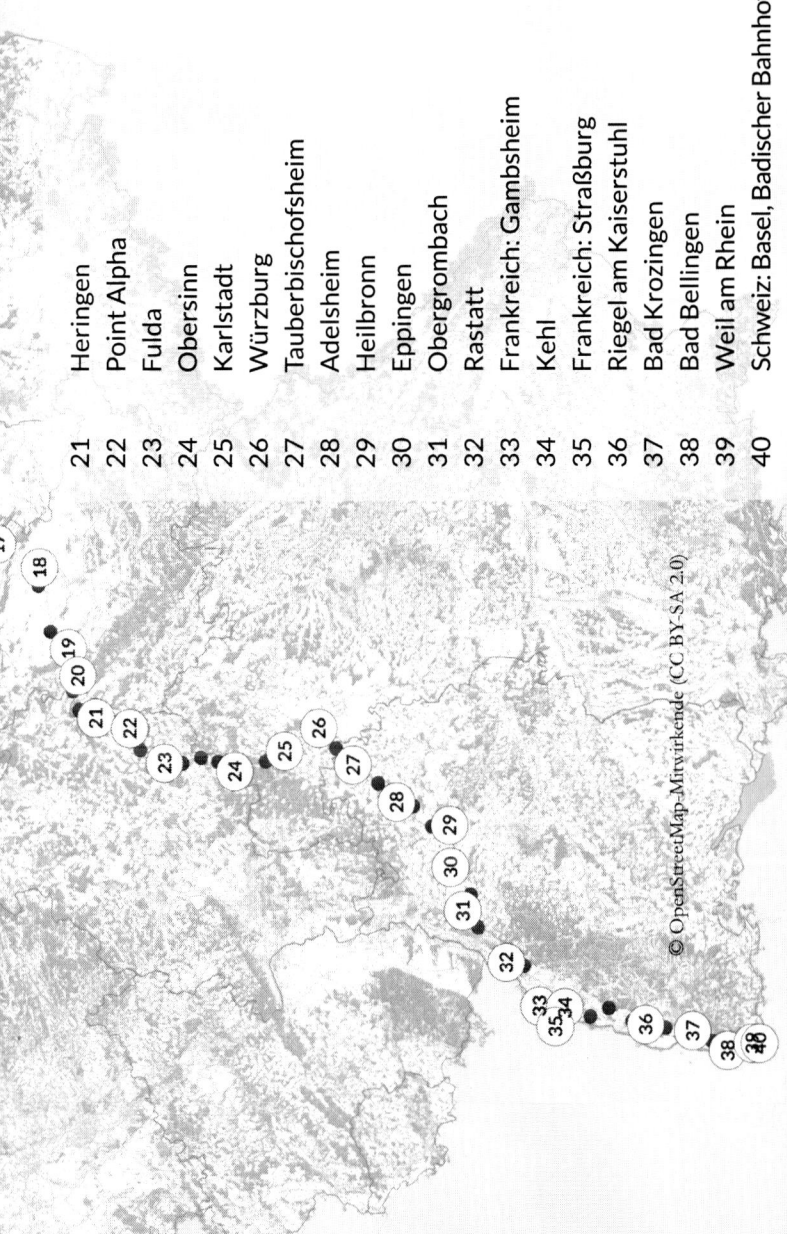

21	Heringen
22	Point Alpha
23	Fulda
24	Obersinn
25	Karlstadt
26	Würzburg
27	Tauberbischofsheim
28	Adelsheim
29	Heilbronn
30	Eppingen
31	Obergrombach
32	Rastatt
33	Frankreich: Gambsheim
34	Kehl
35	Frankreich: Straßburg
36	Riegel am Kaiserstuhl
37	Bad Krozingen
38	Bad Bellingen
39	Weil am Rhein
40	Schweiz: Basel, Badischer Bahnhof

© OpenStreetMap-Mitwirkende (CC BY-SA 2.0)

Deutschland im Dauerwinterschlaf: Durch den Corona-Lockdown ab November 2020 wird das öffentliche Leben in nie gekanntem Ausmaß gedrosselt. Der Journalist Oliver Heilwagen will wissen, wie seine Landsleute damit zurecht kommen – vor allem abseits der Metropolen. Im Januar 2021 durchquert er mit dem Fahrrad die ganze Bundesrepublik, von Sassnitz auf Rügen im Nordosten bis Weil am Rhein im Südwesten. Bei Schneetreiben und Frost fährt er 1300 Kilometer über Landstraßen und Feldwege durch sieben Bundesländer. Ihm begegnen Ängstliche und Leichtsinnige, Maskenfetischisten und Querulanten, doch die meisten Menschen nehmen alle Einschränkungen achselzuckend hin. Aus seinen Beobachtungen entsteht ein Mosaik von Momentaufnahmen, das verständlich macht, warum sich diese Gesellschaft mit der Bewältigung der Pandemie so schwer tut. Eine abenteuerliche Reportage über unser Land im historischen Ausnahmezustand.

Oliver Heilwagen, geboren 1968, studierte Geschichte, Philosophie und Volkswirtschaft. Nach einem Rundfunk-Volontariat arbeitete er als Redakteur oder Autor für diverse Medien, u.a. F.A.Z., Die Welt, Der Tagesspiegel, Berliner Zeitung und Deutschlandradio. Seit 2011 ist er Herausgeber des Online-Kulturportals kunstundfilm.de. Der begeisterte Radfahrer veröffentlichte 2004 das Städteporträt «Kassels versteckte Schönheiten – Spaziergänge zu 50 idyllischen Orten».

Oliver Heilwagen

Mit Rad im Lockdown

Winterreise durch ein geschlossenes Land

1. Auflage August 2021

Veröffentlicht im Verlag Copyright Publishing Co.
GmbH, Kassel und Berlin

Copyright © 2021 by Copyright Publishing Co. GmbH,
Kassel und Berlin

Umschlaggestaltung und Karte Oliver Temmler,
sujet.design, Berlin

Satz aus der Garamond, InDesign
von Nare Arshakyan, Jerewan

Druck und Bindung Print Group Sp. z o.o.,
Szczecin, Polen

ISBN: 978-3-9809902-1-9

Für Rosanna

Inhalt

Prolog: Im Januar quer durch Deutschland

Anfang Januar ist die ereignisärmste Zeit des Jahres. Die großen Jahresendfeste sind vorbei, Gänsebraten und Karpfen mit Sekt hinuntergespült; der Feiertags-Reigen endet spätestens mit dem Dreikönigsfest am 6. Januar. Danach herrscht leichte Katerstimmung. Mit Routineaufgaben wie Jahresabschlüssen und Inventur meldet sich die Arbeitswelt zurück. Zugleich ist Anfang Januar auch die unwirtlichste Zeit des Jahres. Die Sonne geht schon am frühen Nachmittag unter, und wer an kurzen und kalten Tagen nicht vor die Tür muss, lässt es lieber sein. Im Januar 2021 nötigt die Corona-Pandemie zu noch mehr Häuslichkeit. Alle sollen daheimbleiben und ihre Sozialkontakte reduzieren. Wie wirkt sich diese historisch einmalige Situation auf Deutschland aus? Nach neun Monaten Hin und Her bei der Seuchenbekämpfung und zwei Monaten im zweiten Lockdown, der im November 2020 begonnen hat: Was ist mit diesem Land passiert – und wo lässt es sich beobachten?

Corona betrifft alle – auch diejenigen, die sich nicht mit dem Virus infizieren. So haben alle eine Meinung zu Corona; doch viele dieser Meinungen werden kaum wahrgenommen. Die meisten Massenmedien werden in Großstädten von Großstädtern für Großstädter gemacht. Zwei Drittel der Deutschen wohnen aber in Kleinstädten oder Dörfern. Darüber gehen urbane Info-Eliten normalerweise nonchalant hinweg. In Pandemie-Zeiten ist solche Ignoranz fatal: Wie eine Pandemie verläuft, entscheidet sich dort, wo die Mehrheit der Bevölkerung lebt. Insofern ist das Virus flächendeckend demokratisch – die Berichterstattung darüber sollte es auch sein.

Solche Überlegungen brachten mich auf die Idee, die Bundesrepublik zu durchqueren, um der Wirkung der Seuche im ganzen Land nachzuspüren. Am besten mit dem Fahrrad: Dieses Verkehrsmittel ist so langsam, dass man allerlei wahrnimmt, an dem eilige Autofahrer oder Bahnreisende achtlos vorbeirasen. Außerdem lassen sich auf Radwegen und -pfaden abgelegene Ecken erreichen, die völlig unter dem Radar der öffentlichen Aufmerksamkeit liegen. Also wählte ich eine Route, die Großstädte und Ballungsräume weitgehend umging und stattdessen durch ländliche Gegenden und Kleinstädte führte.

Mein erster Impuls war: einmal von Norden nach Süden. Doch eine Fahrt von Flensburg nach Garmisch oder Berchtesgaden – den nördlichsten und südlichsten Städten, die mit der Bahn erreichbar sind – hätte nur durch vier, allesamt westdeutsche Bundesländer geführt. Daher entschied ich mich für die Strecke vom äußersten Nordosten in den tiefsten Südwesten: mit der Bahn nach Sassnitz auf der Insel Rügen, dann auf dem Velo quer durch Deutschland bis nach Weil am Rhein bei Basel, und zum Schluss mit der Bahn zurück an meinen Wohnsitz Berlin. Diese Reise dauerte 24 Tage, in denen ich etwa 1300 Kilometer zurücklegte. Dabei passierte ich sieben Flächenbundesländer, kam durch Dutzende Kleinstädte und Hunderte von Dörfern; meist hatte ich ihre Namen noch nie gehört, geschweige denn sie je betreten. Häufig traf ich auf fast verwaiste Weiler und gespenstisch leer gefegte Stadtzentren; kaum zu glauben, dass unser Land von 83 Millionen Einwohnern bevölkert wird.

Was natürlich auch an der gewählten Reisezeit lag: Außer mir hatte kaum jemand Anlass, sich tagsüber länger im Freien aufzuhalten, erst recht nicht nach Einbruch der Dunkelheit. Doch die Fahrt durch eine Nation im Lockdown hat Vorteile. Sonst überspielt die übliche Geschäftigkeit einer Industriegesellschaft im Dauerbetrieb, wo es hapert und knirscht. Stillstand und Leere lassen nun Abnutzungserscheinungen und Sollbruchstellen deutlicher hervortreten; sie legen Ungleichgewichte und Fehlentwicklungen bloß. Wer ein Gebäude oder eine Industrieanlage verstehen will, muss sie auch im Nichtbetrieb studieren – souveräner Beobachter wird, wer solche Ausnahmezustände begutachten kann. Dazu bot diese Tour reichlich Gelegenheit. Zumal etliche Menschen, denen ich begegnete, bereitwillig Auskunft gaben; vielleicht auch, weil sie weniger beschäftigt waren als sonst.

Dass ich kurz nach dem Jahreswechsel startete, war weniger nachteilig als befürchtet. Zugegeben: Ich hätte mir schöneres Wetter gewünscht. Laut Meteorologen war der Januar 2021 deutlich nasser und sonnenscheinärmer als im langjährigen Durchschnitt. Beinahe täglich regnete oder schneite es aus einem bleigrauen Himmel. Nur hin und wieder riss die Wolkendecke auf, so dass die Sonne eine Weile hervorlugte und die Welt etwas freundlicher aussehen ließ. Zumindest blieb mir strenger Frost erspart; der hätte mir arg zugesetzt und mich im schlimmsten Fall wohl genötigt, meine Fahrt abbrechen zu müssen.

Aber meine Reisezeit hatte auch Vorzüge: Hotels und Pensionen freuten sich über jeden Gast, die Übernachtungspreise waren niedrig. Kahle Bäume und

13

Büsche verdeckten nicht mit Laub die Sicht, sondern gewährten mehr Durchblick. Und wochenlanges Radeln über einsame Straßen und Wege gab mir ein herbes Gefühl von Freiheit, das andere Reisende Tausende Kilometer entfernt in den Weiten Amerikas und Asiens suchen. Ich fuhr quer durch Deutschland, doch war täglich viele Stunden mit mir allein. Vor dem Aufbruch meinte meine Partnerin: «Egal was geschieht: Du wirst Dein Land besser kennen lernen.» Damit hatte sie völlig recht – und das wünsche ich auch jedem Leser.

Polarexpedition light

Es gibt Radfahrer, die für ihre Ausrüstung kaum weniger als für ihr Fahrrad ausgeben. Man erkennt sie sofort an ihrer hautengen Funktionskleidung in grellen Neonfarben. Die macht sie im Straßenverkehr besser sichtbar als jeder Scheinwerfer oder Reflektor – was lebensrettend sein kann, wenn sie pfeilschnell um die Ecke flitzen. Solche Leute tragen auch gern Spezialschuhe, die auf Pedalen perfekt einrasten, in denen man aber kaum laufen kann. Oder Helme mit Punktstrahlern wie bei Bergleuten. Oft besitzen sie außerdem aerodynamische Satteltaschen, dreifach vernäht und mit allen Schikanen. Bei mir sieht das anders aus.

Mit meinem herkömmlichen Tourenrad bin ich langsamer unterwegs; auf dieser Reise 50 bis 60 Kilometer pro Tag. Vor Jahren legte ich mir für eine ausgedehnte Fahrt einen Sportdress zu – und fand ihn einen Tag lang unbequem. Seither liegt das teure Stück im Schrank. Stattdessen fahre ich stets in Alltagskleidung: Jeans, Pulli, Jacke. Sobald es kälter wird, ziehe ich Mütze und Handschuhe an; falls es tröpfelt, streife ich einen Regenponcho über; wenn es gießt, steige ich in eine Regenhose. Damit komme ich meist einigermaßen warm und trocken durch den Berliner Straßenverkehr. Doch für eine Deutschland-Durchquerung im Januar ist das natürlich nicht genug.

Beim Radfahren in der Kälte muss ich paradoxerweise vor allem vermeiden, zu schwitzen. Denn Schweiß verdunstet unter dicken Stoffen nicht; sobald man anhält, kühlt man aus. Also hülle ich mich wie eine Zwiebel in mehrere Kleiderschichten, die ich leicht ablegen kann, wenn mir zu heiß wird. Über T-Shirt und Hemd ziehe ich erst einen dünnen, dann einen dickeren Pullover an – den tausche ich bei grimmiger Kälte gegen einen dritten, besonders festen aus. Dann schlüpfe ich in eine lange Unterhose, die ich mit einem zweiten Sockenpaar fixiere, bevor ich in meine Jeans und gefütterten Kurzstiefel steige. Über meiner eng anliegenden Lederjacke umwickele ich meinen Hals zweifach: mit einem so genannten Buff, einem röhrenförmigen Tuch-Schlauch, und einem zur Schlaufe gebundenen Schal. Auf dem Kopf trage ich eine runde Wollmütze.

Zum Schutz meiner Hände muss ich verschiedene Handschuhe ausprobieren. Zwei gefütterte Paare erweisen sich als zu dünn. Erst dick ausgepolsterte Fäustlinge, die mir meine Partnerin leiht, sind tauglich: Darin wärmen meine Finger sich gegenseitig und die unter ihnen eingeklemmten Daumen, während sie stundenlang den Lenker umgreifen. In diesem Aufzug komme ich meist gut durch die Kälte, solange ich in die Pedalen trete. Wenn ich absteige, beginne ich allerdings nach spätestens 20 Minuten zu frieren. Reicht diese Kluft nicht aus, ziehe ich zusätzlich Regenponcho und -hose über: Ihr Plastikstoff isoliert derart, dass ich mich quasi von innen aufheize. Was bald zu viel werden kann, etwa bei schweißtreibenden Steigungen. Dann muss ich anhalten und mich wieder aus den Kunststoffsachen schälen.

Dazu habe ich auf meiner Tour reichlich Anlass. Schlechtes Wetter ist lästig, wechselhaftes für Radfahrer genauso. An manchen Tagen erlebe ich nacheinander alle winterlichen Wetterlagen: bedeckter Himmel, Regen, Graupel, Schnee mit oder ohne Wind – und ab und zu ein paar Sonnenstrahlen. Nach einer Weile stelle ich eine Art gedankliche Rangliste der Witterungs-Übel auf. Regen allein lässt sich durchaus ertragen, wenn er nicht zu stark ist oder zu lange dauert: vorausgesetzt, alle Reißverschlüsse, Knöpfe und Bündchen sind verschlossen, so dass kein Rinnsal unter die Kleidung sickert. Träge fallender Schnee stört mich mehr, besonders dicke Flocken. Sie landen im Gesicht und schmelzen; das kitzelt.

Wesentlich unangenehmer finde ich jedoch Graupel oder Eisregen: weniger, weil die kalten Körnchen auf der Haut pieksen, sondern vor allem, weil sie ständig in die Augen prasseln. Dann hilft nur, angestrengt nach unten auf die Fahrbahn zu starren; hochblicken kann ich nur kurz, um mich zu orientieren. Das nervt. Am schlimmsten ist jedoch nicht der Niederschlag, sondern der Wind, das häufigste aller Wetterphänomene. Er weht, wo und wann er will, und macht mir unversehens das Radeln schwer. Eben noch gleite ich leichtfüßig und schnell dahin, plötzlich drückt eine frische Brise mit unsichtbarer Hand gegen mich, und trotz kräftiger Tritte in die Pedalen komme ich kaum voran. Weil in Deutschland die Winde meist von Westen her wehen, habe ich fast immer Gegen- oder Seiten- und praktisch nie Rückenwind. Mein lautes Fluchen darüber wird vom Fauchen der Böen verschluckt.

Als Kind las ich gern Berichte über Polarexpeditionen, in denen Roald Amundsen, Robert Falcon Scott oder Fridtjof Nansen sich mit ihren Schlittenhunden über das ewige Eis quälten. Stellenweise erscheint mir meine Radreise vergleichbar, wenn ich mit meinem Drahtesel bei Schneetreiben oder Graupelschauern über Landstraßen schlingere – Polarexpedition light. Zumal mein Gepäck ähnlichen Anforderungen genügen muss wie bei den berühmten Polarforschern: Ich führe fast alles mit mir, was ich benötigen könnte. Außer Lebensmitteln kann ich während des Lockdowns unterwegs kaum etwas kaufen. Daher sind meine Satteltaschen so vollgestopft, dass sie sich nicht mehr richtig verschließen lassen. Um ihren Inhalt vor der Witterung zu schützen, decke ich sie oben mit Plastiktüten ab, zurre die irgendwie mit Riemen fest und fühle mich ein wenig als würdiger Nachfolger von Amundsen, Scott und Nansen: Die mussten auch dauernd improvisieren.

Ferngesteuert ohne Frühstück

Wenn ich Freunden von meinen Reiseplänen erzählte, lautete ihre erste Frage: «Und wo willst Du übernachten? Etwa im Zelt auf freiem Feld?» Gewiss nicht; aber ihre Frage ist berechtigt. Seit Beginn der Pandemie sind touristische Reisen offiziell unerwünscht, um die Ausbreitung des Virus zu verlangsamen; Urlauber zu beherbergen, ist zeitweise sogar verboten. Dagegen bleiben Dienst- und Geschäftsreisen stets erlaubt, damit das Wirtschaftsleben ungehindert weiterläuft; über den Primat der Ökonomie wird noch zu reden sein. Daher bietet die Hotellerie ein geteiltes Bild. Etliche Hotels vor allem in Großstädten sind geschlossen; ihr Betrieb lohnt sich bei spärlicher Nachfrage nicht. Kleine Hotels und Pensionen mit wenig Personal bleiben jedoch in vielen Fällen geöffnet; oft sind es Familienbetriebe, deren Besitzer auch auf geringe Umsätze nicht verzichten können oder wollen.

Wie etwa in meinem ersten Nachtquartier, einer stattlichen Villa in Sassnitz, die kurz nach 1900 gebaut wurde; in der goldenen Ära dieses Ferienorts, als er binnen weniger Jahre vom Fischerdorf zum beliebten Seebad der feinen Gesellschaft im Kaiserreich wurde. Ich buche diese Pension wie fast alle Unterkünfte, vom Monteurzimmer für 25 Euro bis zum knapp drei Mal so teuren Vier-Sterne-Hotel im Gutshof oder Landschloss: mit einem kurzen Telefonat. Beinahe ausnahmslos fragt mich der oder die Angerufene wie derzeit vorgeschrieben, ob ich geschäftlich unterwegs sei. Ich bejahe – und damit ist das Thema erledigt. Wie sollte auch die Person am anderen Ende der Leitung mit vertretbarem Aufwand überprüfen, ob das stimmt? Nur zwei oder drei Mal verlangt man ein Auftrags- oder Bestätigungsschreiben des Arbeitgebers. Doch mein Einwand, dass ich als Freiberufler mir meine Aufträge selbst erteile, wird stets umstandslos akzeptiert. Einmal erklärt mir eine Rezeptionistin bei meiner Ankunft, sie habe zuvor im Internet nachgesehen, ob der von mir angegebene Ein-Mann-Verlag tatsächlich existiere. Sie fand ihn und war zufrieden. Die Herbergen notieren Namen, Telefonnummer und ungefähre Ankunftszeit. Schon ist mein Zimmer reserviert; schnell, persönlich und unkompliziert.

Man könnte eine Masterarbeit darüber verfassen, wann, warum und wie lange die Behörden in einzelnen Bundesländern Hotelfrühstücke erlaubt oder untersagt haben. Vor 2020 kannte die Hotellerie drei Bewirtungs-Kategorien: garni, Halb- und Vollpension. Selbst in Billighotel-Ketten wird dem Gast stets ein – oft eingeschränkt genießbares – Frühstück angeboten.

Allein in Appartements und Ferienwohnungen muss man auf frische Brötchen und Heißgetränke verzichten, wenn man sie nicht selbst organisiert. Nun gibt es eine ganze Palette von Varianten, deren Auswahl meist unerfindlich bleibt.

In Mecklenburg-Vorpommern seien Frühstücke zurzeit verboten, erklärt mir bedauernd die Familie in Sassnitz, die ihre Villa nach 1991 in eine Pension umgewandelt hat: Doch in meinem Zimmer stünde ein Wasserkocher samt löslichem Kaffee. Ein Becher Milch für mein Müsli lässt sich auch auftreiben. Danach achte ich darauf, stets gefüllte Müsli- und H-Milch-Packungen mit mir zu führen, denn wer weiß, was mich am nächsten Morgen erwarten wird? Mir sind alle Darreichungsformen von Frühstück untergekommen, die ich mir vorstellen kann. Von reiner Selbstversorgung – es gab nicht einmal heißes Wasser für meine Teebeutel – bis zum opulenten Englischen Frühstück für den Preis eines Tellergerichts.

Im westlichen Brandenburg wird mir einmal eine Plastiktüte mit einem «Lunchpaket» für den nächsten Morgen ausgehändigt: sie enthält belegte Schrippen und Obst. Kaffee vom Vorabend darf ich mir aus einer Thermokanne auf dem Flur zapfen. Dagegen bereitet mir im thüringischen Behringen der Hausherr persönlich ein Rührei zu und bringt es mit Gesichtsschutz zum Platz. Dort ist auch auf dem Buffet jedes Tablett mehrfach in Plastikfolie eingehüllt. Andernorts entfällt das Buffet aus hygienischen Gründen; dafür wird mir ein säuberlich portionierter Servierteller gereicht. In einer Weinstube im bayrischen Karlstadt klagt die Wirtin, das kommunale Ordnungsamt habe sie angewiesen, Frühstücke «höchstens einzeln im Hotelzimmer zu servieren» – das sei schlicht zu aufwändig. Ich bin kein Frühstücks-Fan; notfalls reicht mir ein Plunderteilchen und ein Becher Kaffee aus der nächsten Bäckerei. Doch der Weg dorthin ist auf dem Land oft recht weit. Da vermengen sich die ausgedünnte Infrastruktur in der Provinz, verschrobene Vorsorge-Vorstellungen und Regelungswut zu einer unbekömmlichen Mischung.

Corona hat auch die Standards verrückt, was unter gutem Hotel-Service zu verstehen ist. Vieles versteht sich als nötige Anpassung an die Pandemie; in anderen Fällen drängt sich der Eindruck auf, sie diene als Vorwand zur Kostensenkung um jeden Preis. Vor wenigen Jahren noch mokierte oder gruselte man sich hierzulande über Automaten- und Bienenwaben-Schlafstätten in den USA oder Japan, wo der Gast allein mit Kreditkarte eincheckt. Dem nähern sich hiesige Verhältnisse an: Etliche Betreiber erklären mir am Telefon, wo ihr Safe hänge, in dem mein Zimmerschlüssel zu finden sei. Bezahlt wird am nächsten Morgen an der Rezeption, die nur wenige Stunden besetzt ist, um Personal einzusparen.

Meist klappt das ganz gut, manchmal weniger: In Waren an der Müritz ist in einem Blumenkasten neben dem Hoteleingang ein Umschlag mit dem Schlüssel versteckt, doch die Fassadenleuchte darüber ist ausgefallen. Bei Schneetreiben muss ich im trüben Streulicht einer Straßenlaterne danach stochern. Bis ich den Umschlag samt Schlüssel herausgefischt habe, sind meine Hände voller matschiger Blumenerde. Im Zimmer angekommen, will ich meine feuchte Kleidung auf der Heizung trocknen; sie ist digital auf 18 Grad eingestellt und lässt sich nicht hochdrehen. Zum Abendbrot in der großzügigen Wohnküche gibt es keinerlei Geschirr – als

Hygiene-Vorsichtsmaßnahme, verkündet ein Zettel. Also muss ich Brot, Wurst und Käse mit dem Taschenmesser auf Zeitungspapier schneiden.

Andernorts funktioniert die Fernsteuerung per Telefon wesentlich besser. Zuweilen wundert mich der Vertrauensvorschuss mancher Hoteliers für einen Unbekannten, der fernmündlich nur Namen und Anschrift angegeben hat. Oft bleibe ich im jeweiligen Haus über Nacht mutterseelenallein. Überdies gilt es als zeitgemäß, möglichst viele Vorgänge zu digitalisieren und damit zu entpersonalisieren. Darin überbietet sich die Leiterin eines Landgasthofs im badischen Gerchsheim, knapp hinter der Grenze zu Bayern. Am Hörer verlangt sie, ich solle meine Anfrage per Email senden. Das könne ich nicht, antworte ich, da ich mit dem Rad unterwegs sei. Dann schicke sie mir alle Informationen als PDF-Anhang zu einer SMS, erwidert sie. Beim ersten Versuch kommt nichts an; beim zweiten kann mein Handy, wiewohl ein neues Modell, den Anhang nicht öffnen. Nun sagt mir die Dame gut gelaunt zu, nach meiner Ankunft werde sie mich mündlich steuern.

Gesagt, getan: Am Telefon weist sie mich an, vor Ort um den Gasthof herumzugehen; in der Scheune dahinter befinde sich hinter dem zweiten Schiebetor innen rechts der Kasten mit dem Schlüssel. Vor der Tür meines geräumigen Zimmers liegt bereits die Rechnung im Kuvert, doch vorgeheizt wurde kaum. Gegen die Kälte kann der kleine Heizkörper wenig ausrichten. Noch ein Anruf: Manche Menschen hätten es lieber kühl, rechtfertigt sie sich, aber sie werde für Abhilfe sorgen. Es klopft, vor meiner Zimmertür liegt jetzt eine Wolldecke, aber zu sehen ist niemand. Die reiche mir nicht aus, protestiere ich erneut telefonisch: Ich bliebe noch länger wach und wolle nicht stundenlang frieren. Dann quartiere sie mich um, verspricht sie. Zehn Minuten später höre ich auf dem Flur Geräusche. Ich gehe ihnen nach und stoße drei Türen weiter auf ein leeres Zimmer, in dem zwei maskierte Gestalten ein Bett beziehen. Beide wohnen also mit im Haus oder direkt nebenan. Ich bezahle meine Rechnung flugs in bar und schaffe mein Gepäck herbei. Der restliche Abend verläuft komplikationsfrei; dafür haben wir sechs Mal miteinander telefoniert. Warum diese Wirtsleute mir partout persönlich aus dem Weg gehen wollten, aus Corona-Paranoia oder Digitalwahn oder beidem, bleibt mir unerfindlich. Doch Soziophobiker sollten einen anderen Beruf wählen.

Im PizzaPastaKebab-Land

Während ich nie fürchten muss, kein Bett für die Nacht zu finden, sieht es bei Verpflegung heikler aus. Morgens kann ich immer etwas frühstücken, bevor ich meine Tagestour antrete – aber was kommt dann? Natürlich gibt es überall zahlreiche gastronomische Einrichtungen, aber die meisten haben derzeit mangels Nachfrage geschlossen. Garküchen und Fast-Food-Läden, die in Großstädten alle paar Hundert Meter Snacks anbieten, sind in der Provinz rar – mit einer Ausnahme: Inzwischen ist Deutschland flächendeckend mit Döner-Imbissen versorgt. Man findet sie in jedem größeren Ort ab etwa 1000 Einwohnern; in einem Dorf ohne Dönerbude muss es um die Kaufkraft sehr schlecht bestellt sein.

Prosit: Abstandsregel in Frankenwein-Bocksbeuteln, gesehen in Karlstadt am Main

Wobei das Wort Bude in die Irre führt: Da etliche Ladenlokale in zentraler Lage leer stehen, mieten sich Döner-Imbisse häufig in stattlichen Räumlichkeiten im Ortskern ein. Sie bieten viel mehr als nur Kebabfleisch im Fladenbrot; fast immer stehen auch diverse Variationen von Pasta und Pizza auf der Speisekarte. Wie beliebt letztere sind, bezeugen Türme flacher Pappkartons hinter dem Tresen. Allerdings nicht bei mir; ich mag Döner und Pizza nicht sonderlich – und Pasta am ehesten selbstgekocht. Überdies liegen Grillfleisch und Pizzakäse oft schwer im Magen, was das Radeln nicht gerade erleichtert. Also lasse ich meist die Finger davon.

Ich bin durchaus stolz darauf, auf meiner 24-tägigen Radtour nur einmal Döner, zwei Mal Pizza und einmal Lahmacun, die gerollte türkische Pizza-Variante mit Salatfüllung, gegessen zu haben. Doch wovon kann sich ein Radwanderer im Lockdown sonst ernähren? Besser nicht von öligen Asia-Bratnudeln, die einige flexible Dönerläden ebenfalls im Sortiment haben. Burger-Ketten meide ich grundsätzlich. Meine Favoriten sind Wok-Gerichte der chinesischen oder vietnamesischen Küche; unterwegs die einzige Quelle für gegartes Gemüse in mehr als homöopathischer Dosierung. Aber in der Provinz sind Asia-Restaurants selten. Daher muss ich auf Chop Suey und rotes oder grünes Curry meist verzichten.

Zudem ist die traditionelle deutsche Imbisskultur, die noch vor 20 Jahren weit verbreitet war, spürbar auf dem Rückzug. Manche Dönerbuden schnippeln auch Currywurst klein. Pommes frites dienen als Sättigungsbeilage für alles und jedes, sogar als Pizza-Belag. Frikadellen, Schnitzel oder Backfisch treffe ich kaum an; sie scheinen Raststätten und anderen Lokalen vorbehalten, in denen man sitzen kann. Einmal erstehe ich in einer Bäckerei eine Bockwurst, die in ihrer durchsichtigen Warmhaltetrommel wie ein obskures anatomisches Präparat wirkt, mit Senf im Brötchen – und lasse das fortan bleiben.

Dennoch werden Bäckereien und Fleischereien bald zu meinen bevorzugten Anlaufstellen: Sie sind ohne Mittagspause geöffnet und verkaufen oft allerlei auf die Hand. Viele Metzgereien bieten auch Mittagstisch feil; fertige Gerichte ab 11 Uhr bis zum frühen Nachmittag. Das sorgt für Abwechslung auf meinem Speisezettel: Gulasch, Kartoffel- oder Linsensuppe mit Würstchen, Soljanka oder Kohlroulade. Naturgemäß alles recht fleischlastig, aber immerhin etwas Warmes – und sehr populär. Sie würden täglich zwischen 50 und 70 Portionen los, erzählen mir Verkäuferinnen im brandenburgischen Kyritz an der Knatter und im thüringischen Artern an der Unstrut.

Oft komme ich aber an keinem Laden vorbei, in dem ich mir eine heiße Mahlzeit holen könnte. Dann improvisiere ich ein Picknick am Wegesrand, am häufigsten mit Tee aus der Thermoskanne und Kuchen oder Gebäck. Das kann ich überall frisch kaufen; es lässt sich leicht transportieren und wird nie eintönig. Mich erstaunt, welch sagenhafte Vielfalt trotz fertiger Teigmischungen immer noch in deutschen Backstuben aus dem Ofen kommt – allein die zahllosen Varianten von Apfelkuchen oder Plunderteilchen! Feine Zuckerbäckerei findet sich an den unwahrscheinlichsten Orten, etwa im Dorf Obersinn tief in der Rhön.

Der «Gasthof Eck» ist coronabedingt geschlossen, verkauft aber sonntags in der Gaststube unter Hirschgeweihen an der Wand und plärrendem Sport-TV in der Ecke hausgemachte Quarkbällchen und Ananas-Sahne-Torte zum Mitnehmen. Großzügig leiht mir der Wirt noch Gabel und Becher aus. Dann genieße ich Kaffee und Kuchen auf einer Shabby-Chic-Sitzbank samt Kissen mit Hirsch-Motiv unter der Hofdurchfahrt – bei frischem Wind, aber immerhin vor Nieselregen geschützt. Fürs Abendessen würde ich mir gern eine Gänsekeule oder Rinderbraten mit Klößen und Rotkohl mitnehmen, doch das hätte ich vorbestellen müssen.

Schwieriger als etwas Leckeres aufzutreiben ist es, eine geschützte Stelle zum Verzehr zu finden. In Innenräumen ist es unmöglich: Wenn ich in einer Bäckerei oder Tankstelle darum bitte, ein soeben gekauftes Brötchen an Ort und Stelle verspeisen zu dürfen, ernte ich im besten Fall ein nachsichtig lächelndes Kopfschütteln. Und im schlimmsten eine barsche Aufforderung, schleunigst raus zu gehen – vorschriftsmäßig mindestens 50 Meter weg vom Eingang. Also fahre ich meist bis zur Ortsmitte und suche nach einem trockenen Plätzchen in Wartehäuschen von Bushaltestellen oder unter Gebäude-Vordächern. Die finde ich am ehesten vor Bankfilialen oder Gemeindehäusern. Da ist es auch geschützt genug, um etwas Brot mit Schinken oder Käse, ein paar Kekse oder Früchte zu snacken – bis mir die Finger nach einer Viertelstunde klamm werden. In Ruhe und abwechslungsreich kann ich jedoch nur abends auf meinem Hotelzimmer essen; manchmal auch Krabbensalat oder geräucherten Fisch.

Einmal ergattere ich solche Gaumenfreuden sogar tagsüber. Im winzigen Hügeldorf Sinzheim-Winden südlich von Baden-Baden fällt mir neben der Kirche ein «Partyservice» auf. Er entpuppt sich als anheimelnder Tante-Emma-Laden mit Fleischerei im altmodischen Ambiente; dekoriert mit einem «Aral Schlemmeratlas» von 1979 im Regal. Aber das Mittagsmenü ist frisch zubereitet. So komme ich in den Genuss von Sauren Nierchen mit Knödeln, die ich mir auf den Treppenstufen vor dem Kircheneingang schmecken lasse.

Derart Feines gibt es natürlich nur im selbst erklärten «Genussland» Baden-Württemberg. Hier prangt sogar auf papiernen Brotpackungen der Begriff «Genuss-Tüten». Doch das G-Wort ist nicht nur Schönrednerei; nirgendwo sonst liefern derart viele Gasthäuser eine reichhaltige Speisenauswahl außer Haus. Etwa ein Landgasthof am Kaiserstuhl: Zwiebelrostbraten, Rehragout oder Gänsebrust mit Rotkraut für 13 bis 15 Euro. Ein paar Kilometer weiter offeriert ein Restaurant in Heitersheim Lachs-Teriyaki, Entenkeule oder Spanferkelhaxe für 19 bis 23 Euro sowie zum Valentinstag für Paare ein Menü aus «4 Gängen im Glas mit Kleinigkeiten für einen schönen Abend» – für 85 Euro to go.

Bodenlose Abgründe und Bayern am Meer

Zurück auf Los: Strandpromenade und Stadthafen von Sassnitz sehen genau so aus, wie ich mir ein Seebad im Winter vorstelle. Das Ufer ist verwaist, im Becken des Fischereihafens dümpeln ein paar Kähne vor sich hin. Stumpfgraue Wellen schwappen eintönig gegen die Mole. Die hohe, kühn geschwungene Fußgängerbrücke, welche die Wasserfront mit dem Stadtzentrum auf den Dünen verbindet, schraubt sich wie eine gigantische Spirale durch den bleiernen Himmel. Ich fahre die Hafenstraße entlang, vorbei an Fischhändler-Ständen, einer Räucherei, dem Hafenmuseum und der «Erlebniswelt U-Boot»: alle geschlossen. Kurz darauf hört die Bebauung fast auf, nur die Werkshallen der Konservenfabrik von «Rügen Fisch» reihen sich am Uferstreifen auf. Zur Linken sieht der mickrige Leuchtturm am Ende der Mole wie ein vergessener Peilstab aus. *Land's End feeling.*

Dann biegt der Weg ins Inselinnere ab und kreuzt die Landstraße, die im sanften Bogen wieder zur Küste führt. Wenige Kilometer weiter bietet der Fährhafen Sassnitz-Mukran, obwohl er genauso ausgestorben wirkt, einen völlig anderen Anblick. Am Terminal links von der Landstraße ankern drei haushohe Fähr- oder Kreuzfahrtschiffe, die jetzt niemand braucht. Auf den Gleisen davor stauen sich die Waggons wartender Fernzüge: Mukran ist der größte deutsche Eisenbahnfährhafen. Rechts der Straße schaue ich in uniforme Schwärze, soweit das Auge reicht; ähnlich den kahlen Schlacke-Halden, die mir später in Thüringen begegnen werden. Hier liegen Tausende von Stahlröhren: jede 13 Meter lang, mit gut einem Meter Durchmesser, an beiden Enden rot eingefasst und vierfach aufeinandergestapelt.

Sie lagern hier für den Bau der Gaspipeline «Nord Stream 2», der damals unterbrochen war. Mehrere Lagerstätten hintereinander bedecken eine enorme

Fläche, wohl zehn Fußballfelder oder mehr. Dazu kommen kleinere Stapel von Röhren, an denen ich kurz darauf vorbeifahre. Von ihren dunklen Öffnungen, in denen sich mein Blick verliert, geht etwas Unheimliches aus – wie ein bodenloser Abgrund neben dem anderen. Zugleich erinnert mich ihre reglose Regelmäßigkeit bis zum Horizont an die schnurgeraden Reihen von Kreuzen auf Soldatenfriedhöfen. Tatsächlich wird hier mit der Verlegung von betonummantelten Röhren auf dem Meeresgrund zugleich etwas anderes versenkt und beerdigt: der Glaube an eine deutsche Außenpolitik, die mehr wäre als eine Erfüllungsgehilfin von Interessen der Großindustrie.

Schon der Bau der ersten Gaspipeline begann mit einem Skandal neuen Typs. Im Beisein von SPD-Bundeskanzler Gerhard Schröder und Russlands Präsidenten Wladimir Putin unterzeichneten deutsche und russische Energiekonzerne am 8. September 2005 eine Grundsatzvereinbarung. Am 18. September wurde die rot-grüne Regierungskoalition abgewählt, am 24. November legte Schröder sein Bundestagsmandat nieder, am 9. Dezember wurde bekannt, dass Schröder den Vorsitz im Aktionärsausschuss der Nord-Stream-Betreiber-AG übernimmt. Ein Ex-Bundeskanzler heuert nur sieben Wochen nach seiner Abwahl bei einem ausländischen Energieriesen an, dessen 7-Milliarden-Euro-Investition er kurz vor Ende seiner Amtszeit abgesegnet hat: So viel Chuzpe war nie seit 1949. Dabei läuft er nicht zu einem befreundeten oder neutralen Staat über, sondern zum ärgsten Widersacher von EU und NATO. Was Schröder dazu motivierte, bleibt sein Geheimnis. Glaubt er wirklich, damit zur deutsch-

30

russischen Verständigung beizutragen, wie er oft beteuert hat? Oder mischt sich eher die Lust des einstigen Juso-Vorsitzenden an der Provokation mit offener Sympathie für das neozaristische Regime seines Duzfreunds Putin?

Wie auch immer: Riecht das nicht streng nach Amtsmissbrauch für persönliche Vorteile – oder gar Landesverrat? Sollte nicht eine unabhängige Justiz das überprüfen? Bei solchem Verdacht werden in anderen Demokratien auch gegen frühere Regierungschefs Ermittlungen eingeleitet und Prozesse geführt. Nicht in Deutschland: Medien und Öffentlichkeit stöhnten auf, und dann geschah – nichts. In Regierungskreisen kann man sich auf Kumpanei und Korpsgeist verlassen; mehr als Murren und Kopfschütteln passiert nicht. Ehemalige Spitzenpolitiker vor Gericht zu bringen, gelingt in Deutschland offenbar nur nach einem Staatskollaps durch bedingungslose Kapitulation oder Mauerfall.

Seit November 2011 ist Nord Stream 1 in Betrieb, doch der Appetit kommt mit dem Essen: Der russische Gazprom-Konzern will die doppelte Menge Erdgas losschlagen. Mitte 2018 begannen die Arbeiten für eine zweite Ostsee-Pipeline, mit Schröder als Vorsitzendem des Verwaltungsrats der Projektgesellschaft. Für Nord Stream 2 werden rund 11 Milliarden Euro veranschlagt, ähnlich viel für Zuleitungen in Russland. Die hohen Baukosten machen jedoch das Vorhaben nach Ansicht deutscher und russischer Fachleute unrentabel. Außenpolitisch ist es schon jetzt ein Rohrkrepierer. Die USA, die Europäische Union, Frankreich, Schweden, Dänemark, das Baltikum, Polen, die Ukraine: Alle sind gegen Nord Stream 2, aus politischen Gründen oder wegen eigener Wirtschaftsinteressen. Trotzdem beteuert

CDU-Wirtschaftsminister Peter Altmaier, Nord Stream 2 sei «ein rein wirtschaftliches Projekt»[1]. SPD-Außenminister Heiko Maas appelliert an Nationaltrotz: Es sei unzumutbar, «dass wir in Zukunft alles nur noch machen, wie Washington es will.»[2] Dass Moskau vor allem Polen und der Ukraine schaden will und Berlin sich an eine korrupte KGB-Clique bindet – all das scheint egal, solange es deutschen Wohlstand, Arbeitsplätze und Wählerstimmen sichert.

Dazu gründet Anfang Januar 2021 die Landesregierung von Mecklenburg-Vorpommern eine als gemeinwohlorientiert bezeichnete «Stiftung Klima und Umweltschutz». Sie soll Ausrüstung zur Fertigstellung der Gasleitung kaufen, um mögliche US-Sanktionen zu umgehen – mit Stiftungskapital von Gazprom.[3] Ein Taschenspielertrick, ohne sich überhaupt die Mühe zu machen, das Ass im Ärmel zu kaschieren. Derweil überbieten sich Vertreter der Großen Koalition im Bund mit Forderungen nach Sanktionen gegen Moskau, weil der Kreml russische Oppositionelle rigoros verfolgt: Zur verbalen Verteidigung der Menschenrechte ist Berlin kein Preis zu hoch – außer, Nord Stream 2 anzutasten: Plumper kann Heuchelei kaum auftreten. Der Pipelinebau wird gewiss früher zu Ende sein als die Corona-Pandemie.

Wie wechselhaft das Geschick solcher Mega-Bauvorhaben sein kann, erfahre ich wenig später. Südlich von Mukran führt ein Radweg durch locker bewachsene Dünen. Zwischen Kiefern ragen plötzlich zwei riesige Beton-Skelette vor mir auf. Die halb eingestürzten Ruinen sind mit Bauzäunen abgesperrt, Schilder warnen vor «Lebensgefahr!» durch «Abstürzende Bauteile».

Dahinter erstreckt sich bis zum Horizont der «Koloss von Prora»: fünf sechsstöckige Blöcke hintereinander, rund drei Kilometer lang. Die Nazis stampften den Riegelbau von 1936 bis 1939 aus dem Boden; hier hätten 20.000 Menschen zugleich Urlaub machen sollen, wäre nicht der Kriegsausbruch dazwischengekommen.

Zu DDR-Zeiten wurde Prora als Kaserne genutzt; in den Blöcken waren 10.000 Soldaten untergebracht. Nach der Wiedervereinigung fiel eine Umnutzung schwer; neben einer Jugendherberge in der Mitte stehen mehrere Blöcke immer noch leer. Am rentabelsten ist offenbar die Sanierung und Umwandlung in Ferienwohnungen oder Einrichtungen für betreutes Wohnen. Sie verstehe gar nicht, warum etliche Leute darin einzögen, erzählt mir eine Rentnerin beim Sonntagsspaziergang; ihr verstorbener Mann war vor 1990 hier stationiert. «Die ganze Anlage steht immer noch im Nirgendwo, ringsherum nur Kiefern, so dass die Bewohner nicht einmal freien Blick aufs Meer haben», bemängelt sie: «Erst vor kurzem ist wenigstens eine Kaufhalle gebaut worden.» Die Dame meint den neuen Edeka-Supermarkt, dessen Zufahrtswege noch planiert werden.

Am Südende des Endlosriegels stoße ich auf das Hotel «Mariandl am Meer». Derzeit geschlossen, lockt «die nördlichste Skihütte Deutschlands» sonst mit 128 Zimmern und einer geographisch gewagten Mischung: «Das Meer sehen und die Alpen spüren!». Im postmodernen Patchwork-Ferienparadies geht alles, was gefällt – am besten gleichzeitig: «Ahoi Lederhosn! Servus Badeshorts! Check-In schon beim Einkehrschwung. Nimm gleich mit einem unserer Locals Kontakt auf!»[4] Solches Denglo-Bajuwarisch soll wohl möglichst viele

Zielgruppen ansprechen – als inklusive Charmeoffensive zur folkloristischen Kolonisation der Ostseestrände.

Rad ohne Raum

Auf dem Papier hat die Bundesrepublik ein gut ausgebautes Radwegenetz. Alle Radwege sollen es zusammen auf eine Länge von rund 100.000 Kilometern[5] bringen; das wäre knapp die Hälfte der 230.000 Kilometer Bundes- und Landesstraßen.[6] Auf meinen ADFC-Radkarten, die mit 26 Blättern ganz Deutschland abdecken, wimmelt es vor bunten Linien: rot für Radfernwege, grün für Regional-Radwege – und gepunktete für Routen mit schlechter Fahrbahn. Von denen sind nur wenige eingezeichnet; wem sie zu unbequem erscheinen, der kann ja auf angrenzende Nebenstraßen ausweichen. Soweit die Theorie.

Denkste: Die meisten Radwege sind zwar anständig beschildert, vor allem Radfernwege. Grünweiße Wegweiser geben die Entfernung zur nächsten Ortschaft an; bei Gabelungen zeigen Pfeile in die richtige Richtung. Doch häufig lässt die Oberfläche zu wünschen übrig. Regionalrouten führen oft querfeldein über vernachlässigte Feld- und Waldwege, die vom Reifenprofil der Traktoren und Holzernte-Maschinen quasi umgepflügt worden sind. Hat der Regen ihre Oberflächen aus Erde oder Sand aufgeweicht, schlingere ich vorsichtig um unzählige Pfützen und Lachen herum. Manchmal bleibe ich im Matsch oder Laub stecken; dann muss ich absteigen und eine Weile schieben, ebenso bei vereisten Schneeresten. So komme ich kaum schneller voran als ein Fußgänger.

Bald beginne ich, naturnahe Strecken zu meiden; lieber lasse ich mich vom Autoverkehr auf Landstraßen überholen. Auch sie sind von sehr unterschiedlicher Qualität. Erstaunlich, wie viele Nebenwege zwischen Dörfern 2021 immer noch unbefestigt sind, insbesondere in den ostdeutschen Bundesländern. Da holpere ich oft über Schotterpisten mit feinem oder grobem Rollsplitt, dem für Fahrräder am wenigsten geeigneten Straßenbelag. Auf ihm droht ständig der Lenker auszubreche. Ebenso anstrengend ist das Rattern über altes Kopfsteinpflaster, das mir überraschend häufig unter die Räder kommt; meist als Verbindung zwischen neueren Abschnitten, weil für jeden von ihnen andere Gebietskörperschaften zuständig sind. Ein paar Kilometer des unverwüstlichen Pflasters halten sparsame Behörden wohl für zumutbar. Ähnlich unkomfortabel sind Fahrbahnen aus Betonplatten mit breiten Fugen; jede Sekunde eine kleine Erschütterung. Alles recht pittoresk, aber nachteilig wegen der starken Reibungsverluste.

Gottlob sind viele Radwege asphaltiert, doch gleichfalls sehr verschieden. Auf glatten Fahrbahndecken rolle ich leicht und schnell voran, bei gröberen muss ich kräftig treten. Wichtiger als der Belag ist aber die Wegführung. Im besten Fall verläuft sie parallel zur Fahrbahn für Autos mit wenigen Metern Abstand. Solche Radwege finde ich vorwiegend im wohlhabenden Bayern und Baden-Württemberg. Oft führen sie jedoch im Zickzack durch Wiesen und Felder, weil sie dort über irgendwelche Erschließungspfade der Landwirte geleitet werden; zuweilen gerät die Straße außer Sicht.

Oder der Radweg verläuft höher oder niedriger als die Straßenführung: Die Trasse für Autofahrer wurde geradlinig durchs Gelände geschnitten, die für Radler nachträglich darum herum gequetscht. Eine echte Zumutung ist etwa der Radweg parallel zur B 27 in Osthessen zwischen Hünfeld und Petersberg-Marbach. Die schnurgerade Bundesstraße, auf der Raser dahinjagen können, dürfen Radfahrer nicht benutzen; sie müssen daneben abwechselnd Hügel erklimmen und Abhänge hinunterstottern. Verkehrte Verkehrswelt: Den Motorisierten werden alle Gelände-Hindernisse erspart und stattdessen denen in den Weg geräumt, die nur mit Muskelkraft vorankommen. Wenigstens ist die Oberfläche dieses Radwegs eben; das stellt eher die Ausnahme als die Regel dar.

Häufig wurden Alleebäume zu nah an den Weg gepflanzt. Durch kräftiges Wachstum drücken sie nun mit ihren Wurzeln den Asphalt nach oben; solche Buckelpisten dürften höchstens BMX-Fahrern gefallen. Oder auf den Wegen sammelt sich, was von Bäumen und Büschen herunterfällt und der Wind herbeiweht: Laub, Zweiglein und Streusplitt der letzten Wintersaison. Nach Unwettern oder Schneefall werden Überlandstraßen umgehend gekehrt und geräumt; auf vielen Radwegen scheint das monatelang zu unterbleiben. Offenbar gilt: Sämtliche Strecken, auf denen Drahtesel noch irgendwie durchkommen, darf man getrost als Radwege deklarieren – und dann sich selbst überlassen.

Der Grund für all diese Widrigkeiten ist eindeutig. Radfahrer gelten wie Fußgänger als Verkehrsteilnehmer zweiter oder dritter Klasse. Sie zahlen keine Kfz-Steuern;

also müssen sie sich als Zuwendungsempfänger in einer durchökonomisierten Gesellschaft mit dem bescheiden, was ihnen gnädig zugestanden wird. Ansonsten dürfen sie sehen, wo sie bleiben, damit der Autoverkehr ungehindert fließen kann. Wobei Radler erheblichen Spielraum haben: Nur die mit weißem Rad-Symbol auf blauem Grund beschilderten Wege müssen sie benutzen. In allen anderen Fällen können sie frei wählen, ob sie auf der Fahrbahn oder dem Radweg nebenan fahren.

Diese seit 1998 geltende Straßenverkehrsregel kennen etliche Autofahrer offenbar nicht. Sie hupen beim Überholen laut und fuchteln am Steuer herum, um mir zu bedeuten, ich möge gefälligst auf den Weg links oder rechts der Straße wechseln, damit sie freie Bahn haben. Ihnen ist offenbar schleierhaft, was ein Radler bei Januarwetter überhaupt auf Überlandstraßen zu suchen hat. Ähnlich scheinen Straßenbauämter zu denken, die umständliche Wegführungen anlegen und sie anschließend schlecht warten lassen. Sie begreifen Radfahren offenbar nur als Freizeitvergnügen bei Sonnenschein oder als Transportmittel von Randgruppen für kurze Wege: Das Schulkind radelt zum Sportverein, die Oma zum Einkaufen auf den Wochenmarkt.

Dass viele Radfahrer weitaus längere Strecken zurücklegen und dabei Anspruch auf gut ausgebaute und gepflegte Verkehrswege haben, geht manchen Verkehrsplanern offenbar nicht in den Kopf. Das wird auch an den Rastplätzen deutlich, die Radler nötiger als Autolenker haben, da sie der Witterung ausgesetzt sind. Unterstände sind spärlich und häufig in kläglichem Zustand; öfter aus halbverfaultem Holz mit Schmierfilm aus Moosen und Flechten. Eine überdachte, saubere

Sitzbank oder -gruppe finde ich selten. Wenn dort zugleich in Automaten Schokoriegel oder Heißgetränke verkauft werden, kann ich mein Glück kaum fassen.

Doch meist bleiben mir bei Hundewetter, Hunger und lahmen Beinen als Zuflucht oft nur die Anlaufstellen für Automobile: nämlich Tankstellen. Sie kommen mir beim Betreten meist vor wie die vollklimatisierte Komfortzone für eine besser gestellte Klientel – die Motorisierten. Neben Snacks und Drinks in unzähligen Geschmacksrichtungen findet sich allerlei Zubehör für Motorrad-, Auto- und Lkw-Fahrer: von Regalen voller Motoröle bis zu Wunderbaum-Wimpeln für Rückspiegel. Doch keine Tankstelle bietet auch nur ein wenig Notfall-Bedarf für Radler an: gängige Schläuche, Ventile oder Kettenfett. Wer das benötigt, muss sich irgendwie bis zum nächsten Fachgeschäft durchschlagen.

Abhilfe soll das «Klimapaket» schaffen, das die Bundesregierung 2019 beschlossen hat: Bis 2023 wird der Radwegeausbau mit bis zu 657 Millionen Euro gefördert – falls die Kommunen die Mittel abrufen.[7] Auf diese Weise soll der Fahrradanteil am gesamten Verkehr von derzeit elf Prozent – erstaunlich, dass er trotz aller Nachteile dennoch so hoch ist – auf 25 Prozent gesteigert werden, um die Umweltbelastung zu verringern. Die technische Ausstattung dafür ist längst vorhanden: In Deutschland gibt es rund 79 Millionen Fahrräder; allein 2020 kamen mehr als drei Millionen hinzu.[8] Dabei verkaufte der Fachhandel knapp zwei Millionen E-Bikes und damit fast ein Drittel mehr als im Vorjahr; der Absatz normaler Räder stieg um 19 Prozent.[9] Kaum eine andere Branche hat von der Corona-Krise derart profitiert; jetzt müssen nur noch die Rahmenbedingungen besser werden, damit die Leute ihre Räder auch häufiger benutzen.

Im «Nationalen Radverkehrsplan 3.0», den die Bundesregierung am 21. April 2021 verabschiedet hat, schaltet sie einen Gang hoch: Sie will den «flächendeckenden Ausbau einer einladenden und für alle verständlichen Radverkehrsinfrastruktur» bis 2023 nun mit 1,46 Milliarden Euro fördern. Mit dem Ziel, dass 2030 alle Bürger jedes Jahr durchschnittlich 180 Wege per Rad zurücklegen – 2017 waren es erst 120. Dabei sollen sie deutlich weitere Strecken fahren: im Schnitt sechs anstatt 3,7 Kilometer. Da bleibt noch viel zu tun: Bislang sind erst zwei Fünftel der Bundes-, ein Viertel der Landes- und weniger als ein Fünftel der Kreisstraßen mit Radverkehrsanlagen ausgestattet.[10]

Übersprungshandlungen machen Staat

Seit Ausbruch der Corona-Pandemie vor einem Jahr hat sich der Wissensstand über das Virus enorm verbessert. Zu Beginn war weitgehend unklar, auf welche Weise der Erreger sich verbreitet. Inzwischen ist Konsens, dass der wichtigste Übertragungsweg Aerosole sind: nur wenige Mikrometer große, in Wasser eingehüllte Teilchen, die beim Reden oder Atmen ausgestoßen werden und in unbewegter Luft – etwa in geschlossenen Räumen – längere Zeit in ihr schweben bleiben. Wer sie einatmet, steckt sich leicht an. Daher ergänzte man die AHA-Regel – Alltagsmaske, Hygiene, Abstand halten – um den Buchstaben L: Regelmäßiges Lüften beugt Infektionen vor. Dagegen ließ sich der Anfangsverdacht entkräften,

Schmier- oder Tröpfcheninfektionen durch Spucken könnten das Virus verbreiten; solche Fälle wurden kaum bekannt. Also ist das H in der AHA-Regel weit weniger bedeutsam als gedacht; häufiges, ausgiebiges Händewaschen oder chemisches Desinfizieren schützt wenig. Im Gegenteil: Auf Dauer reizt es die Haut.

Trotzdem stehen Desinfektionsspender weiterhin an vielen Eingängen und sogar auf Supermarkt-Parkplätzen, und neben vielen Waschbecken hängen ausführliche Handwasch-Anleitungen. Wer hat ein Interesse daran, außer den Herstellern von Seifen und Desinfektionsmitteln? Warum geben die Behörden nicht in diesem Punkt Entwarnung? Weil es nicht schaden kann, wenn man sich öfters die Hände wäscht? Diese Übervorsicht erinnert an das Verbot von mehr als 100 Milliliter Flüssigkeit im Flug-Handgepäck. Es wurde 2006 eingeführt, nachdem Terroristen versucht hatten, flüssigen Sprengstoff an Bord zu schmuggeln. Seither wurde kein weiterer derartiger Vorfall bekannt. Doch das Verbot gilt bis heute, verzögert die Abfertigung – und nützt der Getränkeindustrie, weil viele Passagiere sich nach der Kontrolle in der Duty-Free-Zone nochmals Drinks kaufen.

Aerosole halten sich nur in stehender Luft; bei Wind zerstäuben sie sofort. Daher ist es sehr unwahrscheinlich, sich unter freiem Himmel mit Corona anzustecken. Das wäre zwar in dicht gedrängten Menschenmengen möglich, etwa unter Demonstranten oder Stadionbesuchern, doch kaum bei größerem Abstand zur nächsten Person.[11] Trotzdem herrscht im Januar – und noch Monate danach – in vielen deutschen Innenstädten Maskenpflicht. Sie gilt anders als in Frankreich nicht bundesweit; in Deutschland wird darüber auf lokaler Ebene je nach Infektionsgeschehen entschieden. Mir begegnet sie erstmals auf dem Alten Markt vor dem Rathaus in Stralsund. Auf einem Schild gebietet mir der Landkreis Vorpommern-Rügen: von «10 bis 18 Uhr Mund-Nasen-Schutz tragen!»

Eisiger Wind pfeift übers Pflaster, nur ein paar Passanten huschen um die Ecken – wie und womit sollen sie einander infizieren? Dennoch tragen alle folgsam Masken. Ähnliches sehe ich später in der bayrischen Kleinstadt Karlstadt, verfügt vom Landratsamt Main-Spessart, und der Großstadt Heilbronn in Baden-Württemberg: Überall halten sich bei miesem Wetter und geschlossenen Läden in der City kaum Leute auf, aber die meisten tragen Masken wie angeordnet. Ursprünglich wurde befürchtet, Menschen könnten sich im Gedränge zu Stoßzeiten anstecken. Das hat sich längst erledigt: Die Innenstädte sind fast ausgestorben. Doch die dortige Maskenpflicht dauert fort, obwohl sie offenkundig sinnlos ist.

Andere Kommunen erwecken den Anschein, aufmerksam auf die aktuelle Infektionslage zu reagieren. So teilt die Stadt Würzburg am 13. Februar mit, dass man ab übermorgen schutzlos durch die Eichhornstraße laufen darf – aber an vier anderen Orten weiterhin Masken aufsetzen muss, allerdings nur von 6 bis 22 Uhr.[12] Man darf die Stadtväter um ihre äußerst differenzierten epidemiologischen Kenntnisse beneiden, zumal sie diese niemandem aufzwingen: In keiner dieser vier Städte habe ich bemerkt, dass irgendwer kontrolliert, ob die Verordnung eingehalten wird. Frage ich Maskierte, warum sie im Freien Mund und Nase bedecken, zucken sie die Schultern oder antworten in etwa: Diese Vorschrift

41

solle jeden an die Corona-Gefahr erinnern. Als gäbe es derzeit irgendeinen Ort, an dem man sie vergessen könnte.

Für eine mehrheitlich katholische Stadt überrascht Würzburg auch mit protestantisch anmutender Gewissenserforschung: Plakate fordern alle Bewohner auf, ein «Kontakttagebuch» zu führen. «Gemeinsam achtsam: Zu wem hatte ich Kontakt?», prangt an vielen Laternenmasten. Zuvor waren mir Bushaltestellen in Eisenach aufgefallen, auf denen der Freistaat Thüringen für digitales Sozialleben wirbt: «Freunde sehen, aber sicher! Einfach online statt offline.» Darunter lächeln auf einem Laptop-Monitor vier fröhliche Mittdreißiger mit Baby im Arm oder am Klavier offenbar via Videokonferenz ihre Oma an, deren Hände ein Herz-Symbol formen. Selbstisolation kann so einfach sein!

Die Verschärfung der Maskenpflicht im öffentlichen Raum ist die Ausgangssperre: Wenn lose Mund-

Maskenpflicht in der menschenleeren Innenstadt von Karlstadt

werke zu stopfen nicht ausreicht, sollen die Personen verschwinden. Das französische Wort *couvre-feu* und das englische *curfew* enthalten noch den ursprünglichen Sinn der Maßnahme: abends das Herdfeuer löschen, um Brände zu verhindern. Im Zweiten Weltkrieg waren Ausgangssperre und Verdunkelung gewiss sinnvoll, um feindlichen Bombern ihre Luftangriffe zu erschweren. Aber in dieser Pandemie?

Als ich am 11. Januar in den Landkreis Mecklenburgische Seenplatte komme, gilt dort wegen einer Sieben-Tages-Inzidenz von mehr als 200 eine Ausgangssperre ab 20 Uhr. «Ihre Einhaltung wird von der Polizei überprüft», warnt mich eine Monteurszimmer-Vermieterin im 11.000-Einwohner-Städtchen Demmin. Später sehe ich tatsächlich eine Polizeistreife langsam durch ausgestorbene Straßen rollen. Unterstützt wird sie von wachsamen Nachbarn: Die hätten schon mehrmals die Ordnungshüter gerufen, erzählt die Dame, weil sie Autos von bei ihr übernachtenden Handwerkern nicht als Firmenwagen erkannt hätten – über den altneuen Volkssport Denunziation wird noch zu reden sein.

Für die Vermieterin muss ich den Zweck meiner Dienstreise eingehend notieren. Könne sie nicht nachweisen, dass ich geschäftlich unterwegs bin, drohten ihr nach eigenen Worten bis zu 48.000 Euro Bußgeld. Damit sei nicht zu spaßen. Sie habe eine Frau nicht beherbergen dürfen, die vor ihrem gewalttätigen Partner aus der Wohnung geflohen war, klagt sie, obwohl das nächstgelegene Frauenhaus in Greifswald wegen Überfüllung die Frau nicht habe aufnehmen können. In Sachen Volksgesundheit muss man anscheinend Prioritäten setzen.

Immerhin respektiert die Staatsmacht noch die Bewegungsfreiheit der Presse. Südlich von Baden-

Baden werde ich abends um viertel vor neun Uhr von einer Polizeistreife angehalten. Zuvor war ich an einer menschenleeren Landstraßen-Kreuzung bei strömendem Regen im Schritttempo an einer roten Ampel abgebogen. Dummerweise stand ein Polizeiauto direkt hinter mir. Die Ausgangssperre ab 20 Uhr in Baden-Württemberg sei mir bekannt, erkläre ich unter meiner tropfenden Kapuze; leider hätte ich die Anfahrtsdauer zum Nachtquartier unterschätzt. Zwei ältere, freundliche Polizisten überprüfen meinen Personalausweis, lassen mich mein Reportage-Vorhaben ausführlich schildern – und dann darf ich weiter radeln. Damit würde ich nun 160 Euro Bußgeld sparen, ruft mir einer der beiden noch zu: 60 wegen der Ampel, 100 Euro wegen der Ausgangssperre.

Doch darf man der Polizei gewiss keine Untätigkeit vorwerfen. Schon zum Auftakt meiner Reise in der Pension in Sassnitz sehe ich im NDR-Regionalfernsehen eine Reportage über Polizisten in Mecklenburg-Vorpommern. Sie überprüfen, ob sich Autofahrer nicht weiter als 15 Kilometer von ihrem Wohnort-Landkreis wegbewegen; diese Regel wurde Anfang Februar vom Verwaltungsgericht aufgehoben. An einem Wintermorgen hätten ihre Kollegen 40 Autofahrer kontrolliert, berichtet eine Polizeisprecherin – und nur eine Fahrschülerin samt Lehrer mit freundlichen Worten zurückgeschickt. Wie erbaulich: Die Staatsmacht wacht über unser aller Wohl, aber ohne übertriebenen Zwang. Erkennbar zweifelhafte bis sinnwidrige Regeln werden halbherzig oder gar nicht durchgesetzt. Deutschland ist ja keine Despotie. Das erinnert mich an eine mehr als 180 Jahre alte Einsicht. «Die maßlose Strenge der

Gesetzgebung wird nur durch die Nachlässigkeit ihrer Anwendung erträglich», schrieb der französische Reiseschriftsteller Astolphe de Custine 1839 – gemünzt auf das zaristische Russland.

Mir kommt derlei wie Übersprungshandlungen vor. Darunter verstehen Biologen zweckfreies Verhalten, um sich abzureagieren, wenn der ursprüngliche Impuls unbefriedigt bleibt. Wenn etwa das Männchen erfolglos ein Weibchen anbalzt und nach seiner Abfuhr ziellos herumstolziert. Oder ein Mensch eine lästige Fliege nicht erwischt und stattdessen wild herumfuchtelt. Ähnlich scheinen mir derzeit die staatlichen Organe zu agieren: Sie müssen wirksam gegen Corona vorgehen, doch ihre Möglichkeiten sind begrenzt. Also probieren sie alle Werkzeuge ihres Notfall-Koffers aus; vorwiegend Vorschriften, etwas zu unterlassen. Dazu zählen etwa Alkoholverbote und Reisebeschränkungen, weil sie zum geläufigen Verhaltensrepertoire der Behörden zählen. Ob und in welchem Umfang solche Maßnahmen zielführend sind, ist zweitrangig. Jeder Bürgermeister oder Polizeichef weiß, wie man Platzverweise erteilt und Grenzen schließt – aber kaum, wie man mit psychologischen Anreizen Menschen dazu bringt, sich wie gewünscht zu verhalten.

Sorglos durch Landflucht

Nur halb so dicht bevölkert wie Dänemark: Mit 1,6 Millionen Einwohnern, was 69 Menschen pro Quadratkilometer entspricht, ist Mecklenburg-Vorpommern (MV) das mit Abstand am dünnsten besiedelte Bundesland. Doch das fällt mir zunächst kaum auf, während ich es 200 Kilometer von Nord nach Süd durchfahre. Alle drei bis fünf Kilometer komme ich in Dörfer; sie liegen nicht weiter auseinander als in anderen Bundesländern. Indessen sind die Dörfer in MV kleiner als anderswo; mit weniger, aber im Durchschnitt größeren Häusern als in anderen ostdeutschen Regionen. Und sie sind in gutem Zustand: Schäbige Hinterlassenschaften der DDR-Zeit wie bröckelnde Ställe oder baufällige Gebäude im einheitsgraubraunen Kratzputz, auf die man in Randgebieten von Brandenburg oder Sachsen-Anhalt noch öfter trifft, sehe ich keine. Stattdessen viele Fassaden mit heruntergelassenen Rollläden.

Ebenso wenig sehe ich außerhalb der Kleinstädte Leute. Still und starr ruhen die meisten Dörfer vor mir; kaum ein Geräusch ist zu hören, während ich hindurchrolle; lautlos verschwinden sie hinter mir. Allenfalls ein paar Autos, die mir entgegenkommen oder mich überholen, weisen darauf hin, dass sich überhaupt Menschen in dieser Gegend aufhalten. Doch dieses weite, einsame Land wird intensiv bewirtschaftet: Links und rechts der Straße erstrecken sich bis zum Horizont riesige Felder. Mal sind sie von Ernteresten bedeckt; mal wurden sie vor kurzem gepflügt, so dass umgebrochene Schollen im Licht glänzen; mal wächst Wintergras darauf. Gewaltige Landmaschinen stehen vor weitläufigen Bauern- und Gutshöfen. Hiesige Landwirte bauen meist

Kartoffeln und Rüben auf immensen Flächen an; mit entsprechendem Selbstbewusstsein. «Die Landwirte in MV ernähren auch Dich», verkündet in Balkenlettern ein Banner mit Mähdrescher-Foto am Hoftor einer Agrargenossenschaft. Klingen im Kampfduzen dieser Mitteilung noch sozialistische Ernteschlacht-Parolen an, verwenden wenige Kilometer weiter die Kollegen schon das postmoderne Stilmittel ironischer Wortspiele: «Die Landwirte in MV ackern mit Leidenschaft».

Wobei sie weder von lästigen Feldrainen noch Baum- oder Buschgruppen behindert werden: Die Agrar- betriebe bewirtschaften im Durchschnitt 280 Hek- tar, mehr als in allen übrigen Bundesländern.[13] Diese hypermechanisierte Landwirtschaft ist hocheffizient und profitabel, aber sie schafft kaum Arbeitsplätze. Wodurch hiesigen Gewerbetreibenden wiederum die Kundschaft fehlt: «Ihre Heimat braucht Sie jetzt! / Hier leben, Hier kaufen / Danke für Ihre Unterstützung» plakatiert geradezu flehentlich am Straßenrand ein Fischhändler in der Ortschaft Faulenrost. Sein Laden bietet auf den 30 Kilometern zwischen Malchin und Waren an der Müritz die einzige Gelegenheit, irgend- etwas Essbares zu erwerben.

Keine Ausnahme, sondern die Regel: In den meisten ostdeutschen Dörfern gibt es kein Lebens- mittelgeschäft mehr. Am ehesten hält sich noch ein Metzger, denn auf lokale Fleisch- und Wurst-Speziali- täten wollen die Leute am wenigsten verzichten. Geht es dem Ort gut, bietet ein Bäcker frische Brötchen und Kuchen an; zumindest in mobilen Verkaufswagen, die mehrere Dörfer bedienen. Alles andere bekommt man nur bei Discountern, die meist am Rand der Kleinstädte angesiedelt sind – allein schon wegen ihres enormen Parkplatzbedarfs. Etwa im nordthüringischen Heldrungen: Kurz nach 18 Uhr sind die meisten Häuserfassaden dunkel, außer dem unvermeidlichen Döner-Imbiss ist nichts mehr geöffnet. Ich rolle durch unbelebte Straßen und komme an den Ortsrand. Dort stehen ein Netto- und ein Rewe-Supermarkt nebeneinander, dazu noch ein Baumarkt. Für die rund 2000 Einwohner des Städtchens wäre dieses Mini-Einkaufszentrum arg überdimensioniert. Doch es muss ein Dutzend Dörfer im Umkreis mitversorgen.

Nach Stunden bei trübem Wetter in oft monotoner Landschaft fühle ich mich beim Betreten eines Supermarkts wie in einer Märchenwelt. Wie wohlig warm es hier ist! Und alles so schön bunt; in der Luft schweben weichgespülte Melodien oder Säuselstimmen, die Sonderangebote anpreisen. Tausend Verpackungen umwerben meine Aufmerksamkeit: Kauf mich, kauf mich! Ich ertappe mich dabei, dass ich ziellos durch Gänge schlendere oder umständlich Produkte vergleiche, um länger in diesem Schlaraffenland verweilen zu können. Oder die Verkäuferin am Backwaren-Stand neben dem Eingang zum Plaudern animiere. Während sie am Kaffeeautomaten einen Cappuccino für mich zapft, was zu meiner Freude recht lange dauert, verwickele ich sie in eine Fachsimpelei über das beste Rezept für Kipferl. Dann kaufe ich aus Dank für ihre Gesprächsbereitschaft eine Großpackung davon, obwohl mir am frühen Abend gar nicht der Sinn nach Süßem steht. Alles nur, um etwas Zeit zu schinden, bevor ich wieder hinaus in die Kälte muss.

Draußen wird sofort klar, dass diese Schatzkammern ein in sich geschlossener Kosmos sind. Solche

Konsumieren gerne, durchlaufen bitte nicht:
Außengastronomie in Gemünden am Main

Märkte werden streng funktional als Lagerhallen für Produkte errichtet; nach dem Bezahlen sollen die Kunden sofort einpacken und wegfahren. Würden sie länger bleiben, könnten sie Lärm machen und Verpackungsmüll hinterlassen; also lädt nichts, aber auch gar nichts zum Verweilen ein. Es gibt weder Ziermauern noch

49

Balustraden oder Vorsprünge; nirgends kann man sich hinsetzen. Wenn ich rasch etwas verzehren will, das ich soeben erstanden habe, kann ich mich höchstens an die Rohrbügel lehnen, zwischen denen Einkaufswagen aufgereiht sind. Früher schmeichelte der Handel seiner Klientel mit prächtiger Schauarchitektur; heutzutage bleibt am Ende des Einkaufserlebnisses nur noch das rasche Zusammenraffen.

Dabei gehen nicht nur Glanz, sondern auch Vielfalt verloren. Vier große Handelsgruppen beherrschen mehr als 80 Prozent des deutschen Lebensmittelumschlags. Diese Konzentration ist für zahlreiche ländliche Verbraucher besonders stark spürbar, denn sie haben oft nur ein oder zwei Supermärkte in erreichbarer Nähe. Da die meisten Menschen nur bestimmte Produkte konsumieren, wissen sie: Kette A hat diesen Artikel im Sortiment, Kette B jenen. Mehr Auswahl haben die Kunden nicht mehr. Zwar lassen schier endlose Regale kaum einen Kaufwunsch offen, aber sie nivellieren und egalisieren auch die Warenwelt: Alle Produkte sind gleichermaßen verfügbar. Gilt nicht gemeinhin Wettbewerb als zentrales Merkmal einer funktionierenden Marktwirtschaft? Hier ist er praktisch abgeschafft.

In den alten Bundesländern sieht es besser aus. Ob in der Rhön, in Franken, im Kraichgau oder Rheintal: Überall findet man mehr oder weniger belebte Ortskerne mit lokalen und regionalen Anbietern – aber wie lange noch? Die ostdeutsche Provinz erscheint jedenfalls unumkehrbar ausgezehrt. Ihr mangelt es nicht nur an attraktiven Jobs, sondern auch an lebendiger Abwechslung aller Art; an Vereinsleben, anderen Freizeit-

und Kulturangeboten. Zwischen 1990 und 2013 ist die Einwohnerzahl in MV um 17 Prozent gesunken; bis 2035 wird ein zusätzlicher Rückgang um 11 Prozent erwartet. Ähnlich in Thüringen: Dort soll die Bevölkerung bis 2030 um weitere 15 Prozent schrumpfen, lese ich in einer Lokalzeitung. Von den 100 Landkreisen, die sich bis 2040 am stärksten entvölkern werden, liegen 55 in Ostdeutschland, so eine Prognose des Bundesinstitut für Bau-, Stadt- und Raumforschung: In etwa 30 von ihnen wird dann das Durchschnittsalter über 50 Jahre liegen.[14]

Geschichtlich betrachtet entwickelt sich damit die Demographie zurück in die Lage um 1900. Damals hatte das Deutsche Reich auf einer um etwa die Hälfte größeren Fläche rund 56 Millionen Einwohner[15], also ein Drittel weniger als die heutige Bundesrepublik. In dieser Größenordnung wird sich bald die Bevölkerung in den ostdeutschen Ländern verringert haben. Hätte ich also vor 120 Jahren ähnliche Eindrücke gewonnen? Schwerlich: Vielleicht wären mir beim Fahren über Land zwischen den Ortschaften noch seltener Leute begegnet, weil sie nicht motorisiert und deutlich weniger mobil waren. Doch in den Dörfern selbst wäre das sicherlich anders gewesen. Unter einem Dach wohnten wesentlich mehr Menschen zusammen als heute, und ihr halbes Leben spielte sich auf der Straße ab. Allein schon deshalb, weil sie ihre meisten Besorgungen zu Fuß erledigen mussten.

In Friedenszeiten ist diese Entvölkerung historisch einmalig. Sie wirkt sich auch auf mein Corona-Gefahrenbewusstsein aus. Ich freue mich, wenn ich abseits der Supermärkte gelegentlich auf bedächtige

Rentner mit Rollatoren treffe, spielende Kinder oder gar eine ganze Familie beim Spaziergang sehe. Hier gibt es so wenige Menschen – wie soll ich mich da anstecken? Ähnlich denken offenbar die meisten: Außerhalb von Geschäften werden nirgends Masken getragen. Das mag erklären, warum in manchen äußerst dünn besiedelten Landkreisen die Infektionsraten zeitweilig höher liegen als in Ballungsgebieten derselben Region. Vor dem Supermarkt, der Apotheke oder dem Kindergarten trifft man sich dann doch. Dagegen helfen auch keine Ausgangssperren: Nach 20 Uhr gehen ohnehin nur noch Hundebesitzer mit ihren Vierbeinern vor die Tür.

Automat mit 30 Eissorten

Wo beginnt eine Stadt? Aus rechtlicher Sicht am Ortsschild; für alles, was nun kommt, ist die Kommunalverwaltung zuständig. Ab hier beginnt auch die geschlossene Bebauung, die laut StVO so definiert ist, dass «die anliegenden Grundstücke von der Straße erschlossen werden». Mag sein, aber dieses Minimal-Kriterium taugt nicht für Reisende wie mich. Mir liegt vor allem an der Stadt als Knotenpunkt für Bewegungen und Begegnungen aller Art: um in Läden einzukaufen, in der Gastronomie einzukehren, Mitmenschen zu beobachten, wie sie ihrem Tagwerk nachgehen, und so die spezifische Atmosphäre in dieser Stadt kennenzulernen. Mit einem Wort: am städtischen Leben teilzunehmen.

Das wird zusehends schwieriger – nicht nur wegen des Lockdowns. Die meisten Kleinstädte empfangen Besucher zunächst mit einer eintönigen Aneinanderreihung von Einfamilien- oder Mietshäusern; in solchen Behausungen haben Fremde nichts zu suchen. Oder mit Gewerbegebieten für Kfz-Werkstätten, Baumaschinen- und Küchenstudio-Händler. Dann folgen meist zwei oder drei Discounter, im Wechsel mit Getränkemärkten und Tankstellen. Zur Rundumversorgung von Eigenheim-Kokons reicht das aus. Aber wo finde ich, was eine Stadt eigentlich ausmacht?

Was ich suche, zieht sich immer mehr ins Zentrum zurück, wie in eine Wagenburg. In Havelberg im Nordosten von Sachsen-Anhalt muss ich ab der Stadtgrenze rund zwei Kilometer durch eine wie oben beschriebene Bebauung radeln, bis ich die urban anmutende Semmelweisstraße erreiche. Sie wird von diversen Läden gesäumt: Blumen- und Schuhgeschäft, zwei Friseursalons, eine Apotheke und Sparkasse. Doch die Altstadt von Havelberg steht auf einer überschaubaren Insel in der Havel; sie lässt sich zu Fuß bequem in 20 Minuten umrunden. Ich steige in einer kleinen Pension nahe des Marktplatzes ab, bin früh dran und schaue mich um.

     Fast alle Geschäfte schließen um 18 Uhr; danach hallen kaum noch Schritte über das Pflaster. Rund um den Marktplatz sind alle Ladenlokale belegt: von einem Bäcker, Restaurant, Café und Reisebüro, einer Buchhandlung sowie zwei Geschäften für Kinderkleidung und Elektroartikel. Direkt gegenüber des Rathauses hat sich jedoch eine Versicherungsagentur eingerichtet. Solche Dienstleister mit wenig Publikumsverkehr in bester Lage sind ein Indiz dafür, dass die Einkaufszone langsam austrocknet. Wie hier: Schon in der nächsten Parallelstraße stehen viele Läden leer. Um das zu kaschieren, stellt die Stadtbibliothek Bücher ins Schaufenster, oder lokale Künstler präsentieren hinter den Glasscheiben ihre Werke. Findet sich sonst niemand, hängt vielleicht eine Kita dort putzige Kinderzeichnungen auf.

Sorglos shoppen in Fulda: mit sich angeblich selbst entkeimenden Einkaufswagen

Die Innenstadt von Havelberg mit ihrem halbwegs geschlossenen Ring aus Fachgeschäften am Marktplatz, der abseits davon in allen Richtungen rasch ausfranst, ist kein Einzelfall: Ähnlich sieht es in vergleichbaren Kleinstädten wie Eisleben in Sachsen-Anhalt und Sömmerda in Thüringen oder Tauberbischofsheim im nordöstlichen Baden-Württemberg aus. Die nächste Schwundstufe wird in Orten wie dem mecklenburgischen Malchin erreicht: Neben Versicherungsagenten und Friseuren rücken hier auch Kosmetiker und eine Logopädie-Praxis zum innerstädtischen Kirchplatz vor. Wenn sich zusätzlich Pflegedienste in zentraler Lage ansiedeln, geht es endgültig bergab: Dann dürfte dieser Ort in absehbarer Zeit aussterben.

Manche Fehlentwicklungen laufen vor aller Augen ab – aber so allmählich, dass sie nicht thematisiert werden. Oder erst, wenn eine drastische Veränderung eingetreten ist, die niemand wollte – und alle sich fragen, wie es soweit kommen konnte. Solch eine Entwicklung ist die schleichende Verödung der Innenstädte. Sie begann lange vor der Corona-Pandemie und dem Aufschwung des Online-Handels. Paradoxerweise durch die frühere Attraktivität der Innenstädte: Dort haben sich die Ladenmieten im vergangenen Vierteljahrhundert im Schnitt verdoppelt, in Spitzenlagen verfünf- bis verzehnfacht. Derartige Mieten konnten nur noch umsatzstarke Ketten bezahlen; sie verdrängten inhabergeführte Traditionsgeschäfte.

Um die Jahrtausendwende wurden überall in Deutschland neue Einkaufszentren errichtet; sie zogen Publikum und Kaufkraft an, die kleineren Anbietern verloren gingen. Insbesondere in der Hauptstadt, die bei der Konzentration des Handels ein Nachzügler war: In Berlin entstanden von Mitte der 1990er bis Mitte der 2000er Jahre 17 innerstädtische Shopping-Center, dazu weitere im nahen Umland. Als Ende 2014 am Leipziger Platz die «Mall of Berlin» eröffnet wurde, war das Konzept bereits ausgereizt. Von Beginn an hatte das zwölftgrößte deutsche Einkaufszentrum[16] erhebliche Probleme, seinen Häuserblock in bester Lage mit Mietern und Kunden zu füllen.

Dann kam der Online-Boom. 2015 erwirtschaftete Amazon erstmals mehr als 100 Milliarden Dollar Jahresumsatz; fünf Jahre später sind es fast 400 Milliarden. Für den US-Handelsriesen mit rund 1,3 Millionen Beschäftigten ist die Bundesrepublik der wichtigste Auslandsmarkt; er trägt knapp zehn Prozent zum Bilanzergebnis bei. Der Gesamtumsatz des deutschen Online-Handels, der 2018 noch zwischen 53 und 65 Milliarden Euro betrug, ist 2020 laut Angaben des «Bundesverbands E-Commerce und Versandhandel Deutschland» (bevh) auf 83,3 Milliarden Euro gestiegen – fast 14,6 Prozent mehr als im Vorjahr.[17] Dieser Boom geht weiter: Allein im ersten Quartal 2021 wuchs der Umsatz im Vergleich zum Vorjahreszeitraum um 28 Prozent – besonders stark, weil der Handel 2020 unter dem ersten Lockdown gelitten hatte.[18]

Mysterium Online-Shopping: Was ist so verlockend daran, am Monitor unter briefmarkengroßen Bildchen auszusuchen und jedes Mal Bezahldaten einzugeben? Nicht nur bei kleinen Ersatzteilen und Sammlerstücken, die sonst schwer aufzutreiben wären, sondern auch bei Mode, Möbeln und Matratzen – mittlerweile werden sogar Autos online abgesetzt. Mit ein paar Mausklicks zum

Kauf ist es nicht getan; viele Pakete müssen abgeholt und bei Nichtgefallen wieder zurückgeschickt werden. Rund ein Fünftel aller Bestellungen werden retourniert, inzwischen fast 320 Millionen Pakete pro Jahr.[19] Damit die Kunden nicht vor Paketshops warten müssen, übersät Amazon das ganze Land mit Abholstationen analog zu den gelben DHL-Packstationen. Die dunkelblauen «Amazon Locker» begegnen mir vor allem an Supermärkten und Tankstellen; also an Orten, die Autofahrer ohnehin ansteuern.

Den Ausschlag gibt wohl zweierlei: Niedrigpreise und die totale Verfügbarkeit der gesamten Warenwelt. Online-Versender ohne Ladenlokale sind meist günstiger als stationäre Händler. Das zählt in der deutschen Konsumkultur mehr als anderswo. Nach dem Zweiten Weltkrieg nahm der stilprägende Einfluss der Oberschicht, der alle anderen Schichten nacheiferten, rasch ab – parallel zur wachsenden Kaufkraft der übrigen Bevölkerung. Längst sind hochwertige Qualität und Marken-Prestige weniger wichtig als schiere Masse: Nicht umsonst wurden die Werbeslogans «Geiz ist geil» und «Billig will ich» sprichwörtlich. Um sich möglichst große Eigenheime, Autos und Kühlschränke leisten zu können, verzichten die Deutschen gern auf Service; sie bauen und basteln lieber selbst. Oder transportieren Versandpakete durch die Gegend.

Dafür entsagen sie bereitwillig dem Mehrwert von Fachgeschäften und Kaufhäusern: dem Einkauf als sozialem Ereignis. Mit sachkundigen Verkäufern, die informieren und beraten; mit hautnaher Tuchfühlung zu Waren, um gezielt auszuwählen; mit dem Schauspiel von Kunden, die einander begegnen, beobachten und vielleicht auch beneiden. Gekrönt vom triumphalen

Heimtragen der Beute in einer schick gestalteten Tüte; das leistet kein Pappkarton.

Dafür gleicht er einer Wundertüte, die alle Güter dieser Welt enthalten kann. Online-Shopping ermöglicht die schrankenlose Entgrenzung von Konsum im Wortsinn. Artikel mögen noch so neu, exotisch oder speziell sein: mit wenigen Mausklicks werden sie gefunden, bezahlt – und Lieferdienste wie Amazon überbieten sich darin, sie eilends herbeizuschaffen. Für maximale Demokratisierung des Einkaufens: Jeder Internetanschluss bietet Zugang zum gesamten Kosmos sämtlicher gehandelten Waren. Der frühere Standortvorteil von Großstädten – dass in ihnen edle und exklusive Produkte angeboten wurden, von denen man in der Provinz nur träumen konnte – ist damit ausgelöscht.

Zudem wird das Erworbene vom Paketboten an die Tür gebracht. Das schmeichelt notorischen Selbermachern, die ansonsten immer seltener bedient werden und alles selbst wuppen müssen: etwas zum Sonderpreis anschaffen und es trotzdem geliefert bekommen. Nicht erst seit gestern: Schon bei Dostojewski wundert sich ein Adliger, dass sein Gesinde den sauer verdienten Lohn ins Kaffeehaus trägt. Sein Gesprächspartner erklärt es ihm: Dienstboten wollten nicht immer nur dienen, sondern auch einmal bedient werden – und seien bereit, dafür zu zahlen. 150 Jahre später wird jeder Kunde mit einem Klick zum König.

Bringdienst zu Kampfpreisen: Dem können stationäre Geschäfte wenig entgegensetzen. Diese Handelsströme rauschen einfach an ihnen vorbei, sofern sie keinen

Internet-Shop einrichten. Den Warenverkehr besorgen derweil Kleintransporter von Hermes, DPD, GLS, UPS usw.. Sie müsse inzwischen «täglich so viele Sendungen austragen wie früher nur zur Weihnachtszeit», erzählt mir eine schwer beladene DHL-Paketbotin in Sömmerda. Zwar wird Versandhandel seit mehr als 100 Jahren vorwiegend von der Landbevölkerung eifrig genutzt, doch mit dem Online-Shopping erobert er auch die Städte. Dieser Trend wird von den Ladenschließungen im Lockdown noch beschleunigt. Sollte dadurch die lokale Geschäftswelt weitgehend aussterben, wäre das ein epochaler Bruch mit kaum absehbaren Folgen.

Seit der Bronzezeit wurden die meisten Städte weltweit als Handelszentren gegründet: weil Kaufleute meinten, diese Wegkreuzung oder jene Flussbiegung seien gut geeignete Orte, um Waren auszutauschen. Das sicherte den ständigen Zustrom von Menschen und Ressourcen. Handelsstädte waren stets auch Marktplätze für Informationen wie Ideen und zugleich Brutstätten für Innovationen. In ihren Straßen und Häusern hat sich zum größten Teil der zivilisatorische und kulturelle Fortschritt der Menschheit entwickelt. Wenn Städte dieser essentiellen Funktion beraubt werden – was geschieht dann mit ihnen und den Gesellschaften, die sie hervorgebracht haben?

Dass wesentlich mehr auf dem Spiel steht als unvermietete Ladenlokale, wurde lange ignoriert. Erste Reanimierungsversuche fallen zögerlich aus und haben den Charme einer Selbsthilfegruppe. Mancherorts setzt man auf Lokalpatriotismus: Im brandenburgischen Kyritz an der Knatter wird das Faltblatt «Knatter-Shopping, sympathisch und stressfrei» verteilt. In

Heilbronn plakatiert eine PR-Agentur in politisch korrektem Radebrech: «Wir lieben alle was aus Heilbronn Verschenker (m/w/d)». Ob das viele Muttersprachler zum Mitmachen animiert?

«Wir lieben alle was aus Heilbronn Verschenker (m/w/d)»: Plakataktion in Heilbronn

Geschäftstüchtiger werben in vielen Ortschaften Einzelhändler mit «Click & Collect»: Produkte auf ihrer Website kann man im Laden abholen. Besser als nichts, aber ohne Vorteile im Vergleich zum Online-Handel; jeder Kauf gleicht einer Solidaritätsaktion aus Mitgefühl. Konkurrenzfähiger wirkt der «Tangermünder Hansering», den Elektro-Fachhändler Frank Döbbelin gegründet hat: Teilnehmende City-Geschäfte liefern telefonisch oder online bestellte Waren gemeinsam aus. «Was Amazon kann, können wir besser», sagt Döbbelin selbstbewusst.

Noch weiter kommt Landwirt Stefan Schäbler im unterfränkischen Tiefenthal seinen Kunden entgegen.

Seit 20 Jahren bringt er Bio-Gemüse mit seinem «Grashüpfer»-Lieferservice zu ihnen. Bestellt werde telefonisch oder online, bezahlt per Lastschrift; in seinem Supermarkt auf Rädern biete Schäbler Essenspakete im Abonnement schon viel länger als «HelloFresh» an, lese ich in der Würzburger «Main-Post».[20]

Immobile Hofläden sehe ich in vielen kleinen Orten; ihre Sortimente sind allerdings genauso eingeschränkt wie ihre Öffnungszeiten. Rund um die Uhr zugänglich sind dagegen die zahlreichen Lebensmittel-Automaten von Bauernhöfen, auf die ich in allen Regionen verblüffend häufig stoße. In ihren Fächern wird fast alles angeboten, was die jeweiligen Höfe hergeben: von Kartoffeln, Salat und Frischgemüse über Eier, Wurst und Käse bis zu aufwändigen «Geschenk-Sets» mit Honig, Gewürzen und Olivenöl aus Kreta – in Neudenau an der Jagst nördlich von Neckarsulm.

Wahre Automatisierungs-Virtuosen sind die Eheleute Sorg. Vor ihrem Bauernhof in Gemmingen im Kraichgau stehen drei Geräte: links für gängige Hofprodukte, in der Mitte ein «Milchzapfhahn», rechts für sage und schreibe 30 Sorten Speiseeis. Ich komme dort an, nachdem ich eine lange Steigung hinaufgekeucht bin; jetzt täte mir eine Erfrischung gut. Gerade füllt Brigitte Sorg die mittlere Maschine auf und ermuntert mich, einen Becher Pistazieneis zu probieren; es schmeckt köstlich. Dafür verwende sie nur Sahne, Rohmilch, Eigelb und Früchte, erklärt sie freundlich: Bei ihren zehn Automaten im Umland laufe der Absatz glänzend. Während unserer kurzen Unterhaltung halten drei Autofahrer und kaufen Eis – mitten im Januar. Zwei von ihnen tragen dabei Masken, worüber wir beide schmunzeln müssen. Manche Fahrer stiegen ohne Maske aus ihrem Wagen aus, zögen sie aber auf, bevor sie zum Automaten gingen, erzählt Frau Sorg lachend.

Solche findigen Vertriebswege verbessern die Nahversorgung, aber sie beleben keine Innenstädte. Das leisten eher Wochenmärkte, denen ich oft begegne: in Havelberg, Eisleben und Sangerhausen in Sachsen-Anhalt, in Fulda, im fränkischen Tauberbischofsheim und in Heilbronn. Sie sind auch bei schlechtem Wetter überraschend gut besucht. «Es wird deutlich mehr gekauft als vor Corona», berichtet eine Fleischwaren-Verkäuferin in Eisleben: «Weil die Leute nicht auswärts essen, kochen sie zuhause und leisten sich gute Zutaten».

Zwar drängt sich die Kundschaft nicht vor den im Viereck stehenden Verkaufswagen, sondern bleibt gesittet auf Mindestabstand. Aber ein Käufer löst den anderen ab; man plaudert ausgiebig mit dem Verkaufspersonal und untereinander. Auf dem Marktplatz von Havelberg belausche ich eine halb scherz-, halb ernsthafte Debatte über Homeschooling. «Jetzt lernen die Kinder mehr als in der Schule», behauptet ein Mann provokativ. Ob solch lockerer Austausch unter Fremden den Lockdown überdauern wird? Allenfalls einmal pro Woche.

Eine Reportage über Versuche in Oldenburg, das gesamte Stadtzentrum lebendig zu erhalten, hatte ich zum Start meiner Fahrrad-Tour auf der Bahnfahrt von Berlin nach Sassnitz auf Rügen im DB-Kundenmagazin «mobil» gelesen[21]. Sie laufen auf eine Art Eventisierung der City hinaus: Händler und Handwerker müssen Besuchern mehr bieten, als nur Produkte feilzuhalten. Ein Optiker lädt zu Radtouren und in Fotoausstellungen ein, ein

Goldschmied erfüllt jeden erdenklichen Sonderwunsch, ein leer stehendes Warenhaus wird mit Markthalle samt Streetfood-Ständen, Veranstaltungs- und Co-Working-Flächen gefüllt. Lauter interessante Insellösungen, aber ob sie für kilometerlange Fußgängerzonen ausreichen? Der Leipziger Zukunftsforscher Sven Gábor Jánszky plädiert für die Schaffung von «Identitätsräumen»: Dort sollten sich Menschen mit gemeinsamen Interessen treffen und austauschen, Workshops besuchen – und außerdem auch etwas kaufen[22]. Wie sich diese aufwändigen Identitätsräume amortisieren sollen, verrät Jánsky nicht.

Letztlich liefen solche Ansätze auf die Zurichtung der City für Touristen und Begüterte hinaus, bemängelt der Kunst- und Architekturkritiker Niklas Maak: «'Erleben' als Mischung aus Shopping, Koffeinzufuhr und (gewissermaßen als sinngebender Ablass für die hohlen Konsumtätigkeiten) ein wenig hochwertiger Kunstgenuss»[23]. Stattdessen solle man in die Innenstädte besser normale Leute zurückholen, die dort wohnen und ihren gewöhnlichen Tätigkeiten nachgehen; also den traditionellen Nutzungs-Mix in Stadtzentren bis Mitte des 20. Jahrhunderts wiederherstellen, bevor der Exodus in die Eigenheim-Vorstädte begann.

Utopisch? Vielleicht nicht: Hohe Kosten haben erst Mieter, dann Gewerbetreibende und schließlich Einzelhändler aus der City vertrieben. Dieser Prozess wird durch die Pandemie noch beschleunigt und von der Regierung durch Unterlassung tatkräftig gefördert. Anstatt für alle von der Lockdown-Schließung betroffenen Geschäfte eine zeitweilige Senkung ihrer Ladenmieten zu verfügen, werden ihnen zögerlich

Beihilfen ausgezahlt, damit sie das Geld der Steuer-
zahler an ihre Vermieter weiterreichen. Womit diese
Große Koalition vorgeblicher Volksparteien abermals zeigt, wessen Interessen unantastbar sind: die der
Immobilienbesitzer.

Zur Rechtfertigung wird gern das Tränenzieher-
Beispiel von der armen Oma als Hauseigentümerin be-
müht, die von ihrer Gewerbemiete leben muss. Ob das
irgendeinen Ladenschwengel beeindruckt, war bislang
unerheblich – doch nun wird aus der schleichenden
City-Verödung eine rasante. Dem Handelsverband
Deutschland (HDE) zufolge ist jeder zweite bis dritte
Einzelhändler von der Insolvenz bedroht: Bundesweit
könnten bis zu 120.000 Geschäfte für immer schließen.[24]
In manchen Einkaufsstraßen steht schon ein Drittel der
Ladenlokale leer. Langsam laufen Gegenmaßnahmen an:
So stellt Nordrhein-Westfalen 100 Millionen Euro für
einen «Innenstadtfonds» bereit.

Mit diesem Geld sollen Kommunen leer
stehende Ladenflächen anmieten und günstig an kleine
Gewerbetreibende, Dienstleister oder auch Kitas ver-
geben, um die City zu beleben;[25] nach dem Vorbild
der Pariser SEMAEST, die seit 2004 mehr als 650
Ladenlokale aufgekauft hat, um eine Verödung von
Quartieren zu verhindern.[26] Tropfen auf heiße Steine?
Wenn die Wirtschaftspolitik nicht rasch und radikal
umsteuert, schlagen die Mechanismen der Marktwirtschaft unerbittlich zu. Dann wird die Nachfrage nach
Büro- und Handelsflächen kollabieren – und die Mieten
werden sinken, bis die Leute ihre Innenstädte zurückerobern, weil sie sich das wieder leisten können.

Konformismus durch Konfusion

Im brandenburgischen Wittstock an der Dosse betrete ich abends um halb acht Uhr einen örtlichen Discounter. Draußen fällt Schneeregen; der Parkplatz ist fast leer. Ich brauche nur wenig: Mandarinen, Kekse, ein Bier – tatsächlich kaufe ich mehrmals täglich ein, um mich öfter in geheizten Supermärkten aufwärmen zu können. Früchte und Gebäck finde ich schnell; dann fällt mein Blick auf eine Likörspezialität, die nicht ausgepreist ist. Ich frage die einzige anwesende Angestellte, die gerade Regale einräumt; sie ist etwa 20 Jahre alt, trägt halblanges Haar und mehrere kleine Piercings im blassen Gesicht. Vielleicht hört sie in ihrer Freizeit Gabber-Techno oder Doom-Metal.

Die junge Frau sucht hilfsbereit nach dem Preisschild – bis sie bemerkt, dass ich Obstnetz und Kekspackung in der Hand trage. «Sie müssen einen Einkaufswagen benutzen», sagt sie bestimmt: «Das ist Vorschrift.» Warum, frage ich. «In unserem Geschäft dürfen sich höchstens 72 Kunden gleichzeitig aufhalten; deshalb muss jeder einen Wagen nehmen», antwortet sie. Ich zeige auf die weite Ladenfläche; bis auf zwei alte Damen ganz hinten ist kein Mensch zu sehen. «Egal: Wenn eine Kontrolle Sie ohne Wagen antrifft, zahlen wir hohes Bußgeld», entgegnet sie sichtlich ungehalten. Ob ich nun eigens für zwei Artikel noch einen Wagen holen müsse, will ich wissen. «Ausnahmsweise nicht», gesteht sie mir zu: «Aber beeilen Sie sich!»

Sie meint es ernst. Als ich länger vor dem Bier-Regal verweile, ruft sie mir von der Kasse aus zu: «Kommen Sie jetzt endlich!» Was ich auch tue; hinter mir stellen sich die Rentnerinnen an. Das Bezahlen läuft korrekt, aber frostig ab – dann verabschiedet sie mich mit den Worten: «Aber beim nächsten Mal nehmen Sie einen Wagen, versprochen?». Sie solle sich keine Sorgen machen, beschwichtige ich: Da ich auf Durchreise sei, werde ich keinesfalls wiederkommen. Ein grober Faux-pas; die Angestellte und beide Kundinnen schelten mich aus. Ich habe mich als Fremder geoutet, verweigere gruppenkonformes Verhalten – und werde angeprangert.

Das hätte sich überall in Deutschland ereignen können: In vielen Läden muss man Einkaufskörbe oder -wagen benutzen. Ebenso sind FFP2-Masken vorge-schrieben, in Baden-Württemberg seit dem 25. Januar. Zugelassen ist auch meine «livinguard»-Stoffmaske mit Spezialbeschichtung, die man ihr aber nicht ansieht. Schon am Abend des 25. sagt mir ein Tankwart ironisch lächelnd, mein Modell sei «ab heute verboten». In den Folgetagen wird der Ton rauer: So manche Verkäuferin will mir den Zutritt zu ihrem Laden verwehren. Oder ruft mir wie eine Kioskbesitzerin in Leingarten nahe Heilbronn beim Gehen hinterher: «Mit dieser Maske kommen Sie das nächste Mal nicht mehr herein!» Die Vorwürfe verstummen meist, sobald ich erkläre, ich trüge ein medizinisches Spitzenprodukt aus der Schweiz. Ähnlich wie bei der Frage in Hotels, ob ich auf Dienstreise sei: Hauptsache, einer Vorschrift wird Genüge getan – der Sachverhalt selbst ist nachrangig. Warum eine Regel aufgestellt wird, und ob derjenige, der es tut, kompetent und dazu befugt ist, kümmert kaum jemanden. Ebenso wenig, unter welchen Umständen die Regelung zweckmäßig ist – und ob diese Situation momentan vorliegt.

Unter dem Vorwand des Gesundheitsschutzes stellen derzeit alle möglichen Akteure irgendwelche abstrusen Regeln auf: Durch eine Tür darf man nur hinein-, durch die andere nur hinausgehen. Oder: Pfeile auf dem Boden schreiben die Laufrichtung vor. Als ob Menschen, die aufeinander zugehen, sich leichter infizieren würden als jene, die nebeneinander herlaufen. Bis hin zur Maskenpflicht auf zugigen Freiluft-Bahnsteigen – auf denen wird man sich eher stark verkühlen, als sich bei den spärlichen Mitreisenden anzustecken. Obwohl solche Regeln offenkundig mehr oder weniger sinnlos sind, halten sich die Meisten daran. Und strafen diejenigen, die es nicht tun, mit Ächtung: Tu, was Dir gesagt wird, und mach uns keine Scherereien – wir haben schon genug um die Ohren! Stets begleitet von einer der beiden Standard-Begründungen: Anweisung des Vorgesetzten oder drohende Geldstrafe. Ob die Allerweltsausrede stimmt, man sei nur Befehlsempfänger, kann keiner überprüfen; entscheidend ist, dass sie als Universalrechtfertigung allgemein akzeptiert wird. Verantwortung, plausible Argumente, eigenes Urteilsvermögen – was ist das?

Allesamt autoritäre Charaktere, die mit solchen «Sekundärtugenden auch ein KZ leiten» könnten, wie Oskar Lafontaine 1982 den damaligen Bundeskanzler Helmut Schmidt schmähte? Nicht unbedingt. Zwar haben manche Personen erkennbar Freude daran, ihre Mitmenschen zu gängeln und zu bevormunden. Oder ihnen mit Schikanen zu schaden: Eine Cafébetreiberin nahe Baden-Baden berichtet mir, dass einige Zeitgenossen sie beim kleinsten Anlass sogleich beim Ordnungsamt anschwärzen. Etwa, wenn Kunden ihren Außer-Haus-Kaffee zwar auf der Straße trinken würden

– aber in Tassen mit Café-Signet, um Einwegbecher zu sparen. Oder sie das Lokal zwar vor 18 Uhr beträten und bestellten, es aber erst einige Minuten nach dem offiziellen Ladenschluss verließen. Was auch immer die Motive solcher Missgunst sind: Derartige Gemeinheiten treffen während der Corona-Einschränkungen die Opfer härter.

Solche Blockwart-Mentalität und Alltagssadismus legt allerdings nur eine Minderheit an den Tag. Der Konformismus der meisten Regelbefolger scheint mir durch Konfusion bedingt. Anfang 2020 trat das Corona-Virus als großes Unbekanntes in unser Leben. Seither wird alles der Seuchenbekämpfung untergeordnet – auf der wackligen Basis lückenhafter Kenntnisse. Was eine pseudodigitalisierte Gesellschaft, deren Eliten allem mit *Big Data* beikommen wollen, sich nicht eingestehen kann: Wissenschaft, Politik und Medien überschwemmen das Publikum mit Details, die für die meisten Leute irrelevant sind. Diese Informationsflut absorbiert jedoch Zeit und Energie, die besser für Debatten über die entscheidenden Fragen verwendet würden: Da sich die Pandemie mit der bisherigen Strategie nur unzulänglich eindämmen ließ – welche Alternativen gäbe es? Welche finanziellen und sozialen Kosten hätten sie voraussichtlich? Und wie ließe sich die Gesellschaft darauf verpflichten, diese Lasten solidarisch zu tragen?

Ständig wird in Politik und Wirtschaft gefordert, *out of the box* zu denken, also über das Gewohnte hinaus – weil es fast niemand tut. Stattdessen tischen die Medien dauernd kaum veränderte Varianten des Gleichen auf. Etliche Regionalzeitungen breiten täglich seitenweise Corona-Daten zu allen Gemeinden in ihrem

Verbreitungsgebiet aus; so akribisch und detailversessen wie Börsenkurse oder Sportergebnisse. Letztere sind zumindest für Anleger und Fans wichtig – aber die allerneuesten Krankenzahlen und Inzidenz-Werte? In sämtlichen 300 deutschen Landkreisen auf einer vielfarbig abgestuften Deutschlandkarte wie in den «Fränkischen Nachrichten», übernommen aus dem «Mannheimer Morgen»?[27]

Die «Fuldaer Zeitung» titelt mit unfreiwilliger Komik: «Kreis Fulda bleibt hessenweit an der Spitze / 7-Tage-Inzidenz ist sogar gestiegen». Das wird im Text penibel mit den Nachbarkreisen verglichen, was dem Blatt eine komplette Seite wert ist.[28] Gewiss: Solide Berichterstattung ist ebenfalls zum Corona-Opfer geworden. Viele Medien werden derzeit auf Sparflamme größtenteils im Homeoffice zusammengeschustert. Jeder Redakteur freut sich, wenn er Zahlensalat und Grafiken von Nachrichtenagenturen oder der Landkreis-Verwaltung übernehmen kann, die er schriftlich noch etwas auswalzt – schon ist wieder eine Seite gefüllt. Der Nutzwert solcher Pseudo-Präzision geht jedoch gegen Null.

Dagegen kommen nächstliegende Aspekte und Probleme kaum vor. Für die in vielen Landkreisen stark schwankenden Inzidenzzahlen lese ich nur einmal eine plausible Erklärung: In dünn besiedelten Gebieten könne ein einziger Infektions-Schwerpunkt mit vielen Fällen, etwa in einem Pflegeheim, diesen Durchschnittswert weit nach oben treiben. Nach sieben Tagen gehen die Heim-Fälle nicht mehr in die Statistik ein – und allein dadurch sinkt prompt die Inzidenzzahl erheblich.

Ein weiteres Beispiel: Kein einziges Mal finde ich in der Presse eine Berechnung, wie wahrscheinlich es ist, am eigenen Wohnort mit Infizierten in Kontakt zu kommen. Obwohl sich das einfach kalkulieren lässt: Die gesamte Einwohnerzahl wird geteilt durch die Menge aller gemeldeten Kranken der letzten 14 Tage (danach sind sie nicht mehr infektiös), die zuvor vervierfacht wird (auf diese Größenordnung taxieren Forscher die Dunkelziffer von Infizierten mit wenigen oder keinen Symptomen). In Berlin liegt diese Wahrscheinlichkeit Anfang März 2021 bei etwa eins zu 150; Ende November 2020 lag sie bei eins zu 60, im April 2020 noch bei eins zu 800. Natürlich ist dieses Verhältnis nur ein grober Richtwert; die konkrete Gefahr hängt sehr vom Milieu ab, in dem man sich bewegt. Dennoch ergibt diese Kopfrechenübung eine ungefähre Vorstellung des tatsächlichen Infektionsrisikos; das leistet das technokratische Tauziehen um kaum nachvollziehbare R- und Grenzwerte, Klinikkapazitäten und Impfdosen-Bestellungen nicht. Der administrative Apparat hält lieber das Angstniveau hoch, anstatt den Menschen Orientierungshilfen zu geben.

Während die Medienmaschine hochtourig leer läuft und die Bürokratie weitgehend mit sich selbst beschäftigt ist, bleiben praktische Fragen offen, die jeden betreffen. Genauer: Die Antworten ändern sich so häufig, dass die meisten Bürger den Überblick verlieren. Anfang 2021, zehn Monate nach dem Beginn der Pandemie, bleibt vielerorts immer noch unklar, wo genau man sich im Verdachtsfall auf eine Corona-Infektion testen lassen kann. Auf meiner gesamten Radfahrt sehe ich eine einzige Einrichtung dafür: Das Testzentrum in Heilbronn besteht aus zwei Zelten auf einem leeren

Festplatz. Ein Wachmann muss jeden wegschicken, der keine Terminbestätigung hat. Erst im April und Mai werden billige Schnelltests für jedermann verfügbar – darin sind uns Nachbarstaaten wie Österreich und Frankreich ein halbes Jahr voraus.

Noch verworrener läuft die Impfkampagne an. Laut einer Umfrage des Bitkom-Digitalverbands war es Mitte Februar nur sechs Prozent der Befragten gelungen, reibungslos einen Impftermin zu bekommen – 37 Prozent hatten nach bis zu 50 Versuchen aufgegeben[29]. Kein Wunder: Mir begegnen nur zwei provisorische Wegweiser zum jeweiligen «Kreisimpfzentrum», beide in Baden-Württemberg. Ansonsten sehe ich im öffentlichen Raum außer Impfkampagnen-Werbeplakaten keinerlei Hinweise darauf, dass die Bundesrepublik ihre größte Krise seit Staatsgründung durchmacht.

Dagegen stolpere ich ständig über den Flikkenteppich des Föderalismus. Hunderte regionaler Verordnungen überwuchern das öffentliche Leben mit einem Paragraphen-Drahtverhau. Nur ein Beispiel: Dass Buchhandlungen in Berlin, Brandenburg und Sachsen-Anhalt während des zweiten Lockdowns öffnen dürfen, weil sie dort zur Grundversorgung zählen, in allen übrigen Bundesländern aber nicht, lässt sich nicht medizinisch, nur weltanschaulich begründen. Wobei sich die Bürokratie ansonsten große Mühe gibt, den Grundversorgungs-Bedarf exakt aufzuschlüsseln. Daher muss eine Haushalts-Discounterkette wie «Mäc-Geiz» in ihren Filialen das halbe Sortiment mit Plastikfolie abdecken. So dürfen Buntstifte, Schreibpapier und Einweggeschirr verkauft werden; hingegen keine Heftordner, Grußkarten und Strickwolle. All das werde zentral in ellenlangen Listen festgelegt, berichten die Beschäftigten.

Diese wohlmeinende Willkür kann nur zu völliger Verwirrung führen. Also halten sich die Bürger an den wenigen Bestimmungen fest, die verständlich und leicht zu erfüllen sind: etwa, im Supermarkt stets zum Einkaufswagen zu greifen. Kann ja nicht schaden. Täte es auch nicht, wenn das verhältnismäßig bliebe und nicht mit energischem Gruppendruck durchgesetzt würde. Wenn ich zu etwas genötigt bin, sollst Du es auch sein! Man kann das negative Solidarität nennen. Sie wird bislang vorwiegend bei harmlosen Absurditäten eingefordert: Waschzwang, Laufrichtungen, Maskenpflicht unter freiem Himmel. Doch die kollektive Bereitschaft zu Obrigkeitshörigkeit und Gehorsam auf Ansage erstaunt. Das lässt befürchten, dass sie sich umstandslos in andere Richtungen lenken ließe.

Splendid Isolation

Der Tag, an dem ich Mecklenburg-Vorpommern verlasse und nach Brandenburg fahre, ist einer der ungemütlichsten meiner Tour. Seit Mittag schneit es mal stärker, mal schwächer. Als ich die Landesgrenze überquere, wird der Schneefall spürbar dichter. Wenige Stunden zuvor war Schnee noch sofort weggetaut; nun bleibt er am späten Nachmittag liegen, weil der Boden kälter geworden ist. Das lässt die Fahrbahn matschig werden; ich komme deutlich langsamer voran. Etwa jede Viertelstunde halte ich kurz an und klopfe entnervt die schweren Flocken von Regenmontur und Satteltaschen, damit kein Schmelzwasser hineinsickert. Es hilft wenig; mein Gepäck und ich werden gründlich durchtränkt.

Im äußersten Nordwesten des Bundeslandes will ich in einem Landgasthof absteigen, der einsam mitten im Wald liegt. Zwischendurch muss ich zwei Mal anrufen, dass ich mich leider verspäten werde. Die letzten drei Kilometer geraten zur Rutschpartie über im Dunkeln kaum erkennbare Feldwege. Abends um neun Uhr treffe ich endlich ein. Als die Hausherrin beim Türöffnen meine zugeschneite Gestalt samt Fahrrad erblickt, entfährt ihr lauthals: «Sie sind ja völlig verrückt!» Mit dieser freundlichen Begrüßung beginnt der angenehmste Abend meiner Reise.

Nachdem ich mein Gepäck verstaut habe, komme ich in die Gaststube. Dort sitzen zwei Handwerker beim Bier, die auch hier übernachten. Nach ihrem Abendessen schweigen sie zufrieden lächelnd. Mir bietet die rundliche Wirtin ebenfalls gut gelaunt ein Gericht an – ich kann mein Glück kaum fassen! Das Hühnergeschnetzelte im Reisrand ist zwar vorgekocht, aber meine erste warme Mahlzeit seit vier Tagen. Dazu ein kaltes Bier vom Fass in einem geheizten, gemütlichen Gastraum mit netten Leuten – alles fast wie früher. Während ich esse, setzt sich die Betreiberin auf Abstand zu mir. Sofort unterhalten wir uns angeregt.

Die Corona-Pandemie vermassele ihr nicht das Geschäft, im Gegenteil, berichtet sie: Bei ihr «brummt der Laden», da alle anderen Herbergen im Umkreis geschlossen seien. Auch in dieser abgelegenen Gegend gebe es genug Geschäftsreisende und Monteure, um ihre Zimmer zu füllen. Zurzeit laufe es besser als während des ersten Lockdowns: Damals habe ihr Gasthof praktisch leer gestanden. Trotzdem seien Polizisten mehrfach abends vorgefahren und hätten aus ihrem

Partyzubehör darf nicht verkauft werden, aber Einweggeschirr zählt zur Grundversorgung: Sortiment eines Haushalts-Discounters in Sömmerda

Wagen eine Viertelstunde lang das Haus beobachtet, erzählt sie: «Was sollte das bloß? Dachten die etwa, hier könnte plötzlich eine Party anfangen?»

Am nächsten Morgen plaudere ich beim Frühstück mit einem Sohn der Wirtin. Er langweile sich nicht, sagt der Fünftklässler, obwohl er seine Freunde zum letzten Mal vor zwei Monaten gesehen habe – normalerweise wird er täglich von einem Schulbus abgeholt, der ihn zum Unterricht in die 15 Kilometer entfernte Kleinstadt bringt. Doch er sei es gewohnt, sich selbst zu beschäftigen, sagt der aufgeweckte Junge: indem er im Wald spielt, mit seinen Geschwistern kickt oder am Smartphone «zockt». Am Homeschooling stört ihn nur das schlechte Lehrmaterial, das manche Lehrer per E-Mail schicken: Handyfotos von mit Kreide beschrifteten Tafeln oder zu dunkle Skizzen auf Papier. Er zeigt mir einen Ausdruck. Ich kann nichts entziffern.

Diese Gastronomen-Familie kommt mit dem Lockdown problemlos zurecht, weil sie von Einschränkungen kaum betroffen ist. Ähnliches erzählt mir Bianca Bürger auf dem Gutshof Elbschloss Kehnert in Sachsen-Anhalt. Geographisch betrachtet liegt das Dorf Kehnert recht zentral, auf gleicher Höhe mit und auf halber Strecke zwischen Hannover und Berlin. De facto aber sehr versteckt in einem Winkel zwischen Auwiesen an der Mittelelbe; dorthin führt nur eine Abzweigung von der Landstraße am Westufer des Flusses.

Vor 15 Jahren kauften ihre Eltern den ab 1803 errichteten Gebäudekomplex mit Herrenhaus und fünf Nebengebäuden, in dem zu DDR-Zeiten eine LPG untergebracht war; seither restauriert die Familie das Ensemble. Frau Bürger lehrt in der örtlichen Grundschule, quartiert in Ferienzimmern Gäste ein und bietet mit vier Pferden Reitunterricht für Kinder an. Für größere Einkäufe oder Besuche bei Freunden muss sie stets 30 Kilometer nach Tangermünde oder 40 nach Magdeburg fahren, doch daran sei sie längst gewöhnt, sagt sie lachend. Ein Netflix-Abonnement hat sie schon seit Jahren.

Ebenfalls direkt an der Mittelelbe und deutlich leichter zu erreichen, doch auf eigentümliche Weise isoliert leben Gernot Quaschny und Sandra Jäger. Ich finde zu ihnen, weil ich zuvor abgeblitzt bin: An der B 107 südlich von Hohengöhren wirbt ein Schnellimbiss mit Kaffee für 80 Cent von 7 bis 18 Uhr. Als ich kurz nach 14 Uhr die Tür öffne, heißt es: Wir haben seit zehn Minuten geschlossen; wegen Corona bleiben die Kunden aus. Nur 100 Meter weiter lese ich am Straßenrand: «Freitags Fischverkauf» – zufällig ist heute Freitag. Ein Matjesbrötchen bekäme mir jetzt besser als Koffein.

Der Hofladen ist in einem geräumigen Containerbau untergebracht, doch mich beeindruckt der trockengelegte und aufgebockte Schleppkahn gegenüber: Darin wohnt das Paar. Es hat 2013 das ausrangierte Schiff aus Hamburg hierher transportiert, nachdem zuvor ein Damm gebrochen war und der Strom das gesamte Grundstück überflutet hatte. Herr Quaschny fischt im Fluss und nahen Seen. Seinen Fang verkauft Frau Jäger auf Wochenmärkten im Umkreis und freitags auf ihrem Hof. Außerdem kümmert sie sich um fünf Pferde und 28 Hunde auf ihrem Grundstück. Für sie macht sich die Pandemie nur dadurch bemerkbar, dass ihre Stammkunden aus dem Umland mehr Fisch kaufen und bereit sind, höhere Preise zu zahlen.

Ähnlich wie dieses Paar spricht auch der Künstler Karl-Heinz Thiel in Riegel am Kaiserstuhl potentielle Kundschaft im öffentlichen Raum an. In der Ortsmitte hat er sein Atelier in einem alten Fachwerkhaus eingerichtet und dessen Tordurchfahrt samt Innenhof in eine Freiluftgalerie verwandelt. Gemälde und Skulpturen füllen jeden freien Quadratmeter, Schilder mit den Worten «Gebt Kunst Brot» und «Gugge koschtet nix» laden zur Besichtigung ein. Er komme trotz Corona gut zurecht, erzählt der Maler und Restaurator schmunzelnd.

Mit Baskenmütze, grauem Backenbart und Nickelbrille sieht er wie ein Bohemien-Künstler im 19. Jahrhundert aus. Das wohlhabende Dorf Riegel, in dem 1800 Jahre alte Reste eines römischen Mithras-Tempels ausgegraben wurden, ist kunstsinnig; die lokale Kunsthalle in einer früheren Brauerei präsentiert jährlich drei Wechselausstellungen. Bei Vernissagen spiele er gern die Rolle des ortsansässigen Originals, lässt

Thiel verschmitzt durchblicken. Allerdings lebe er vorwiegend von Auftragsarbeiten, etwa Kunst am Bau oder Kulissengestaltung für Theater.

Zwei Hoteliers, ein Künstler, ein Fischer und seine Frau sind nicht repräsentativ. Doch ihre Lebensumstände ähneln denen vieler Dorfbewohner: Ihr Alltag wird von der Pandemie und ihren Folgen kaum berührt. Sie gehen ihrer Arbeit nach, machen ihre üblichen Besorgungen und gestalten ihre Freizeit wie zuvor. Städtische Attraktionen wie Restaurants, Cafés, Kinos, Theater oder Museen, die durch Corona wegfallen, gibt es auf dem Lande ohnehin nicht. Dagegen ist alles Lebensnotwendige wie Supermärkte und Tankstellen, Apotheken und Arztpraxen, Banken und Handwerker auch in der Provinz weiter verfügbar. Vielleicht umständlich zu erreichen, aber das war es auch schon vorher.

Die Existenznöte ganzer Berufsstände wie Boutiquenbesitzer, Therapeuten und Reisekaufleute, die in den Massenmedien wortreich dargestellt werden, kommen in weiten Teilen der Republik gar nicht vor. Was erklären könnte, warum die Zustimmung zum Krisenmanagement der Regierung trotz seiner eklatanten Defizite konstant hoch bleibt: Dörfler und Kleinstädter haben einen langen Atem.

Theoretisch ist Corona ein radikal egalitäres Virus: Jeder kann sich anstecken, jeder erkranken. Praktisch spaltet es aber die Gesellschaft in mehrfacher Hinsicht. In Generationen: Alte sind von schweren Krankheitsverläufen und Tod stärker bedroht als Junge. In Gewinner und Verlierer: Online-Händler und Logistiker, aber auch etwa Acrylglas- und Fahrradhersteller machen bombige Geschäfte. Gastronomen, Reisebürobesitzer und körpernahe Dienstleister werden in den Ruin getrieben. Eine weitere Spaltung ist die in Überlastete, Normalbeanspruchte und Arbeitslose: Pflegekräfte und Paketboten rackern am Limit. Für die meisten Berufstätigen ändert sich ihr Soll kaum, aber viele Minijobber und Soloselbstständige sind komplett kaltgestellt. Und schließlich spaltet das Virus Stadt und Land: Die meisten Opfer von Begleitschäden der Pandemie wohnen in Städten, weil ihr Dasein von dieser verdichteten Lebensform abhängt, die zur Seuchenbekämpfung stillgelegt wird. Auf dem Land ist sowieso alles weitmaschiger – hier fallen amtliche Eingriffe viel spärlicher und weniger spürbar aus.

Nur in einer Hinsicht macht das Virus wenig Unterschiede: beim sozialen Leben. Zwar kommen Eigenbrötler, die sich selbst genug sind, mit dem Lockdown wohl besser zurecht als Betriebsnudeln, die gern viele Leute um sich scharen. Doch das Soziale wird allerorten gleichermaßen in Mitleidenschaft gezogen, in Millionenmetropolen genauso wie in Weilern mit wenigen Häusern. Die Vermutung liegt nahe, dass die Ermahnung zur Kontaktreduzierung von der Landbevölkerung eher missachtet wird: Anders als Großstädter haben sie nicht dauernd etliche Mitmenschen als potentielle Gefahrenquellen vor Augen. In kleinen Dörfern kennt jeder jeden. Da erscheint die Vorstellung abwegig, dass eines der langjährig vertrauten Gesichter plötzlich zum Überträger einer schweren Krankheit mutieren könnte. Also pflegt man Umgang miteinander wie gewohnt – bis die Symptome auftauchen.

Die Pandemie vergiftet weniger äußere Formen der Geselligkeit als vielmehr die innere Bereitschaft dazu. Sie verzehrt die nötige Energie, sich trotz aller Hindernisse weiter um alle Nahestehenden zu bemühen: Verwandte und Freunde regelmäßig anzurufen oder zu Spaziergängen einzuladen, falls man das Wagnis scheut, sich im eigenen Heim zu treffen. Bei manchen liegt das an der Überlastung durch Kinderbetreuung, Homeschooling und andere Aufgaben, gewissermaßen an zeitweiliger Erschöpfung. Bei anderen hingegen an Antriebsschwäche durch zu viel Homeoffice, kaum Bewegung und Corona-Speck, also an temporärem Boreout durch Mangel an Anregung. Da es so wenige Anlässe gibt, nach draußen zu gehen, fällt jeder Gang immer schwerer, und man schmort weiter im eigenen Saft.

Von dieser Lethargie lebt die mächtigste Wirtschaftsbranche unserer Epoche glänzend: die IT-Industrie. Der teils erzwungene, teils freiwillige Rückzug ins eigene Heim kommt ihr sehr entgegen. Von ihren Produkten kann es im Lockdown gar nicht genug geben, scheint es, um die Leute ununterbrochen an Multimediamaschinen zu fesseln. Anstatt Digitalisierung auf das Nötige und Sinnvolle zu beschränken – damit mehr Zeit für reales Leben bleibt. «In ihrem Bestreben, die Menschheit in Stubenhocker zu verwandeln, sind die Internet-Konzerne ein großes Stück vorangekommen»: Diese Formulierung münzte Winand von Petersdorff, US-Wirtschaftskorrespondent der FAZ, auf eine einzelne Innovation, doch sie lässt sich auf die gesamte Pandemie übertragen. Etwas Besseres als Corona hätte den Datenkraken kaum passieren können.

Obwohl die entscheidende Weichenstellung bereits vor rund 70 Jahren geschah: die Einführung des Fernsehens. Mit der Flimmerkiste änderte sich das Verhältnis der Menschen zu ihrer Umwelt grundlegend. Erstmals mussten sie sich nicht mehr rühren, um etwas zu erreichen oder zu erleben, sondern im Gegenteil: Sie mussten nur stillsitzen und glotzen – TV-Bilder bringen die ganze Welt ins Haus. Auf diesem Prinzip bauen Online-Gaming, Cloud Computing und Video-konferenzen auf: Menschen starren auf Monitore und bewegen allenfalls ihre Finger.

Die Tendenz zur Selbstisolation wird durch die Pandemie zweifellos verstärkt. Nach ihrem Abebben dürfte sich die Sozialkompetenz etlicher Zeitgenos-sen deutlich verringert haben: ihr Vermögen, auf wechselnde Signale, die andere Menschen aussenden, adäquat einzugehen. Direkter Umgang mit Anderen wird ihnen arg anstrengend vorkommen. Anstatt mit jemandem zu reden oder ihn anzurufen, mailen, posten oder twittern sie eher; anstelle eines Rundgangs durch den Stadtpark gönnen sie sich lieber das *binge-watching* einer Serienstaffel. Ob E-Sport, *Shit Storms* oder Pornographie: Simulationen sind stets bequemer als die Originale. Wer dabei zu viel Chips futtert, muss hernach Online-Fitness machen.

Lichter am Ende des Schneesturms

Wenn Du denkst, es geht nicht mehr, kommt irgendwo ein Lichtlein her... Heutzutage sind das oft LED-Lichterketten, mit frei wählbaren Blinkfunktionen in drei Farben. Als sie vor etwa zwei Jahrzehnten aufkamen, galten sie als Adventsschmuck und wurden meist innen an Fenstern angebracht, neben Weihnachtssternen und Santa-Claus-Mützen. Von dieser saisonalen Beschränkung haben sich die Lichterketten emanzipiert und zugleich den Außenraum erobert. Ende Januar können sie kaum noch als Weihnachtsdekoration gelten. Stattdessen changieren sie eher zwischen Fassaden-Illumination und Grundbesitz-Hoheitszeichen.

Davon gibt es viele; von putzigen Gartenzwergen über geschmiedete Wetterfahnen bis zu wuchtigen Gabionen. Solche mit Steinen gefüllten Drahtkäfige verwandeln jedes Fertighaus in eine Festung. Alle haben jedoch denselben Nachteil – man sieht sie nach Sonnenuntergang kaum noch. Anders Lichterketten: Während sie sich tagsüber wie Blindschleichen kaum erkennbar irgendwo lang schlängeln, erstrahlen sie bei Einbruch der Dunkelheit in hellem Glanz und unzähligen Variationen. Bei meiner Deutschland-Tour sehe ich derart viele Spielarten, dass ich mir für ihre Besitzer verschiedene Persönlichkeitsprofile ausmale. Lichtbänder erhellen Charaktere.

Mein Lieblingsleuchten auf dieser Reise entspringt aber Windkraftanlagen. Früher sah man solche roten Positionslichter nur selten; etwa an Fabrikschornsteinen, um Piloten zu warnen. Mit dem Boom erneuerbarer Energie sind sie alltäglich geworden. In vielen Höhenlagen stehen, locker verteilt, ganze Rudel von Windrädern. Dass sie permanent schwach blinken, bemerkt man tagsüber kaum. Nachts hingegen sind ihre kurz aufblitzenden Lichter an Turm und Rotor-Gondel häufig die einzigen Reize in der monoton un-durchsichtigen Schwärze der Landstraße, die meine Funzel von Rad-Scheinwerfer nur schwach und wenige Meter weit aufhellt. Gleich Leuchttürmen an der Küste bieten sie mir Orientierung, um abzuschätzen, wie weit die nächste Hügelkuppe noch entfernt ist. Dass ich ihnen näherkomme, merke ich daran, dass der Gegenwind stärker wird. Solche Anlagen werden stets dort errichtet, wo es am heftigsten bläst.

Einmal im Südwesten von Sachsen-Anhalt blinken mir Windräder sogar so verheißungsvoll entgegen wie der sprichwörtliche Silberstreif am Horizont. Auf der Landstraße von Wimmelburg nach Blankenheim werde ich von einem Schneesturm überrascht, dem zweiten auf meiner Reise. Der erste erwischt mich in Mecklenburg-Vorpommern südlich von Röbel/ Müritz. Am Nachmittag setzt plötzlich wildes Schneetreiben ein; scharfer Wind fegt die Flocken fast waagerecht durch die Luft. In wenigen Minuten verschwindet die Fahrbahn unter einer kompakten Schneedecke. Doch sie schmilzt sofort wieder; nach einer halben Stunde ist der Spuk vorüber, und der Himmel klart wieder auf.

Der zweite Sturm eine Woche später im Landkreis Mansfeld-Südharz ist von anderem Kaliber. Die Land-straße nach Blankenheim führt schnurgerade gen Westen einen lang gestreckten Hügel hinauf. Am späten Mittag bei anfangs noch klarer Sicht sieht es für mich so aus, als höre die Steigung nach wenigen hundert Metern auf und damit ebenso die Strampelei bergan. Da verrechne ich mich gründlich; die Straße verläuft auf eine für Radler tückische Weise. Jede Kuppe, an der die Steigung scheinbar endet, entpuppt sich beim Näherkommen als Absatz, von dem aus die Straße weiter emporklettert.

Zugleich setzt Schneefall ein; dicke Flocken prasseln immer dichter auf mich herunter. Vor dem auffrischenden Wind bietet mir ein kleines Waldstück zeitweise Schutz; als ich es durchquert habe, packen mich die Böen mit voller Wucht. Inzwischen ist auch die Fahrbahn komplett zugeschneit; die weiße Masse schmilzt nicht, sondern verklebt zu zähem Schlamm. Jedes überholende Auto spritzt kleine Fontänen auf mich; röhrt ein Lkw vorbei, reichen sie mir bis zur Hüfte. Bald türmt sich der Matsch am Straßenrand so hoch, dass meine Räder kaum noch greifen. Fluchend eiere ich in Zeitlupe hin und her. Um nicht wegzurutschen oder umzukippen, steige ich ab und schiebe mein Fahrrad den Hang hoch. Ebenso langsam, weil auch meine Füße kaum Halt finden. Bei jedem Schritt schwappt Schneewassersuppe über meine Kurzstiefel, die längst völlig durchnässt sind – mir kommt es vor, als gluckse es zwischen meinen Zehen. Zumindest friere ich nicht, dafür ist der Aufstieg zu anstrengend. Kommt er mir unfassbar mühsam vor, weil ich so lahm bin, oder weil die grauweißen Wirbel vor meinen Augen alle Distanzen verwischen?

Die bleiern tiefe Wolkendecke, die schlierig schmutzige Masse am Boden und eisig pieksende Nadelstiche im Gesicht: Alles verquirlt sich, als steckte ich in einer Waschmaschine. Auch die wenigen Autos, die noch unterwegs sind, kommen nur im Schritttempo voran; sie machen um mich bizarre Gestalt am Fahrbahnrand weite Bögen. Und dann blinkt es links und rechts der Straße rot und schwach, aber regelmäßig. Unerschütterlich drehen sich die Rotorblätter der Windkraftanlagen in luftiger Höhe.

So heftig, dass man sie abschalten müsste, ist der Sturm offenbar nicht – was ich sehr tröstlich finde, weil es meine Wahrnehmung wieder zurechtrückt. Ich stapfe nicht durch endlose Weiten in Grönland oder der Antarktis. Ich werde in diesem heulenden Schneegestöber nicht erfrieren, sondern irgendwann im nächsten Ort ankommen, wenn ich nur unbeirrbar weitertrotte. So geschieht es: Als ich Blankenheim erreiche, legt sich der Sturm fast wie auf Knopfdruck. Um sechs Kilometer zurückzulegen, habe ich beinahe zwei Stunden benötigt – mehr als jeder Fußgänger. Und dabei etwas erlebt, das ich nie vergessen werde.

Verkehrsmittel für fast alle Wetterlagen: mein Rad nach zehn Zentimeter Neuschnee über Nacht

Alle Macht dem Status quo

Mir gefallen Windräder. Nicht nur, weil sie durch ihre Blinklichter nachts Orientierung bieten, sondern auch der Anblick tagsüber. Von allen massiven Eingriffen des Menschen in die Landschaft wie Stromtrassen, Schnellstraßen oder Fabrikanlagen erscheinen mir Windkraftanlagen am wenigsten rücksichtslos und störend. Wenn ich über ein Tal oder eine Ebene schaue und am Horizont einen Höhenzug sehe, auf dem sich ununterbrochen ihre Rotoren gemessen drehen, wirken sie auf mich so erhaben wie elegant.

Eine Minderheitenmeinung. Die Ästhetik dieser Anlagen ist kaum je thematisiert worden, weil ihr Bau willkommene Munition für den jahrzehntelangen Kleinkrieg zwischen Gegnern und Befürwortern der Atomkraft lieferte. Letztere wettern seit drei Dekaden gegen die «Verspargelung» des Landes, obwohl solche Industriefreunde mit zugeteerten Flächen, Betonklötzen oder Strommasten mitten im Wald meist keine Probleme haben. Inzwischen protestieren vor allem Bewohner von Gemeinden dagegen, in deren Nachbarschaft Windkraftanlagen errichtet werden. Sie töteten massenhaft Vögel und Insekten, heißt es; außerdem schadeten ihre Betriebsgeräusche und kreisende Schatten der Gesundheit. Solche Einwände entspringen aus meiner Sicht selektiver, ideologisch eingefärbter Empfindlichkeit. Wer neben einer seit langem bestehenden Autobahn oder Eisenbahntrasse wohnt, muss ständig viel höhere Lärmpegel ertragen. Daran entzündet sich nur selten Protest, denn diese Verkehrsnetze sichern Wohlstand und Arbeitsplätze – allein das zählt.

Im Übrigen ist alles eine Frage der Gewohnheit. Schienenstränge durchziehen Deutschland seit 150 Jahren, Autobahnen seit 90 Jahren; ein Leben ohne sie scheint nach drei Generationen undenkbar. Heutiger Widerstand gegen Windkraftanlagen gründet dagegen weniger in grundsätzlicher Ablehnung von Bio-Öko-Zeug als vielmehr in dem Wunsch, vermeintliche Lasten anderen aufzubürden. Windenergie? Gut und nützlich, aber bitteschön außer Sichtweite hinterm Horizont! Nicht, weil ein Dasein mit Blinklichtern und Luftrauschen unerträglich wäre – sondern weil es das eigene Ego kränken würde, der Gesellschaft und Umwelt zuliebe ein wenig Wohnkomfort einzubüßen. Hinter dieser Anspruchsmentalität steckt das ökonomische Prinzip der Profitmaximierung, das alle deutschen Regierungen seit einem halben Jahrhundert ihren Wählern systematisch anerziehen. Es erweist sich auch als archimedischer Punkt, um den hiesigen Verlauf der Corona-Krise zu verstehen.

Auf allen Verwaltungsebenen wird beklagt, es sei kaum noch machbar, in Deutschland große Infrastruktur-Vorhaben in angemessener Zeit umzusetzen: Stets fänden sich Betroffene, die alle Rechtsmittel ausschöpften, um den Bau zu verhindern oder möglichst hinauszuzögern. Was die Kosten hochtreibt; also unterbleibt vieles von vorneherein, da es als nicht durchsetzbar gilt. Belege dafür begegnen mir jeden zweiten Tag auf Plakaten und Transparenten im Freien: Hier soll ein Windpark verhindert, dort «keine ICE-Trasse durch den Nordspessart»[30] geführt werden. Da wird gegen den Ausbau einer Verkehrsautobahn plakatiert, etwas weiter gegen die Planung von «Stromautobahnen».[31] Obwohl ich alle paar Kilometer Hochspannungsleitungen sehe, deren Schneisen wie mit Messern durchs Gelände geschnitten wurden.

Ob all diese Projekte zurecht umstritten sind, weil es bessere Alternativen gäbe, kann ich nicht beurteilen. Doch mir fällt auf, wie allgegenwärtig diese Verweigerungshaltung ist. Gewiss: Protestparolen zu verbreiten fällt leicht. Es bedeutet jedoch nicht, dass solche lautstarke Anti-Aktivisten ihre Ziele auch erreichen. Zumindest prägen sie aber die öffentliche Sphäre mit Botschaften des Gegen-Alles-Seins, genauer: gegen jede Veränderung des Status quo.

Nur ein einziges Mal stoße ich auf ein Banner für etwas: Für den Weiterbau der Bundesstraße 31 spricht sich eine Bürgerinitiative in Gottenheim aus. Mit dem Bild eines Astronauten im All und den Worten «Erde-Mond 3 Tage / Freiburg-Gottenheim 50 Jahre / Wir fordern den Weiterbau nach Breisach». So innovationsfreundlich zeigt sich die Initiative aber nur bei freier Fahrt für freie Gottenheimer: Ihrer Website zufolge lehnt sie die Errichtung von zwei neuen Stromtrassen rigoros ab.[32]

Diese bundesrepublikanische Protestkultur – bequemes Beharren auf dem Bestehenden und allergische Ablehnung von Neuem – überdauert auch im Lockdown. Das wird mir bei den beiden Kundgebungen bewusst, die ich auf meiner Tour beobachte. Die erste findet am 16. Januar in Magdeburg statt: An diesem Tag vor 76 Jahren zerstörte ein alliierter Luftangriff die Altstadt. Daran erinnern rechte und rechtsradikale Gruppen mit einem Gedenkmarsch, gegen den wiederum linke Demonstranten auf die Straße gehen. Als ich ankomme, sind beide Aufmärsche bereits beendet, nach friedlichem Verlauf.

Am Hauptbahnhof parken mehrere Kleinbusse der «Evangelischen Jugend Mitteldeutschland». Zwei Dutzend Jugendliche, die auf dem Vorplatz herumlaufen, wirken mit ihren «Fuck Nazis!»-Hoodies auf mich eher wie Antifa-Nachwuchs als wie Kirchgänger. Sie haben eine kleine, aber professionell ausgerüstete Freiluft-Disco aufgebaut: Vor einer Leinwand mit Zoom-Grußbotschaften springen ein paar Teenager mit Gesichtsmasken zu angejahrter Tanzmusik herum, etwa Hits der «Neuen Deutschen Welle» Anfang der 1980er Jahre. Dass die in Mannschaftsstärke präsente Polizei das Recht aller Demo-Teilnehmer auf freie Meinungsäußerung geschützt hat, versteht sich von selbst. Doch warum dürfen sich die Antifa-Kids anschließend bei lautstarken Klängen austoben, während das allen übrigen Bürgern derzeit untersagt ist?

«Das fragen wir uns auch», antwortet mir im Bahnhof ein Bundespolizist, den ich darauf anspreche: Ich möge mich an die Kollegen von der Landespolizei wenden, womöglich hätten sie andere Anweisungen. Ein Streifenpolizist auf dem Vorplatz erklärt mir, die Tanzfläche sei Teil des genehmigten Konzepts, die Tanzenden trügen Masken und hielten Abstände ein: «Wir wollen ja nicht päpstlicher sein als der Papst.»

Der würde sich ohnehin wohl eher in Fulda heimisch fühlen. Sein Vorvorgänger Johannes Paul II. kam 1980 hierher und feierte im Dom eine Messe, wie eine Gedenktafel bezeugt; über dem Grab des heiligen Bonifatius in der Krypta. Der «Apostel der Deutschen» hatte im 8. Jahrhundert die Germanen missioniert.

Seine ehrwürdigen Gebeine wurden in Fulda bestattet, weil er auch das hiesige Kloster gegründet hatte; beides sichert aus kirchlicher Sicht der Stadt einen herausragenden Rang. Mit knapp 70.000 Einwohnern ist Fulda das Zentrum von Osthessen, aber auch Wallfahrtsort.

Der barocke Dom, das Schloss der Fürstbischöfe und die Stadtpfarrkirche St. Blasius prägen das Stadtbild. Hausfassaden sind mit religiösen Motiven geschmückt, etwa einer «Wundertätigen Medaille» mit Marienbild. Wie in anderen Enklaven im ansonsten protestantischen Nord- und Mitteldeutschland, etwa dem thüringischen Eichsfeld oder dem Bistum Paderborn, tritt der Katholizismus hier besonders glaubensinnig und selbstbewusst auf. So ließ der streitbare, im Jahr 2000 verstorbene Bischof Johannes Dyba, nach dem die Allee vor dem Dom benannt ist, in den 1980er Jahren regelmäßig alle Kirchenglocken der Stadt läuten, um gegen straffreie Abtreibung zu protestieren.

Ob diese Tradition, Überzeugungen lautstark kundzutun, eine Rolle spielt bei dem, was mir in der Fußgängerzone von Fulda begegnet? Jedenfalls erlebe ich hier das Kontrastprogramm zur Antifa-Freiluft-Disco eine Woche zuvor in Magdeburg. Eine Gruppierung namens «Frieden und Freiheit» protestiert gegen die Pandemie-Politik. Sie hält solche Kundgebungen an jedem Samstag ab – seit April 2020.

Auf einer windschiefen Bühne lesen rasch wechselnde Redner ihre Worte vom Blatt: Sie prangern den Regierungskurs an, beklagen wirtschaftliche und soziale Opfer, bezweifeln offizielle Verlautbarungen und mokieren sich über die Folgsamkeit der Bevölkerungsmehrheit. Ein Kleinzirkus-Mitarbeiter bittet flehentlich um Futterspenden für seine Tiere. Danach schallt der Folkrock-Evergreen «Talkin' Bout A Revolution» aus den Boxen. Den Song veröffentlichte Tracy Chapman 1988, als die Friedensbewegung schon abgeflaut war.

Diese Veranstaltung kommt mir wie ein arg verspäteter Wiedergänger vor – wohl auch dadurch bedingt, dass seither keine Protestwelle mehr entstanden ist, die eine zeitgemäßere Ästhetik des Widerstands hervorgebracht hätte. Im Wind flatternde Plakate an der improvisierten Bühne mit Standmikro und Redebeiträge ohne Dramaturgie, bei denen die richtige Gesinnung überzeugende Argumente ersetzen soll: Alles wie vor vier Jahrzehnten. Manche Teilnehmer waren vermutlich schon damals dabei, das Durchschnittsalter ist eher hoch. Rund 70 Leute haben sich über den Platz verteilt, alle maskiert und alle auf Abstand. An zwei Mini-Infoständen sind Flugblätter zu haben. Vom «kritischen Newsletter», der mit vielen Fragen und Links Widersprüche im Wissensstand über Corona nachweisen will, über Impfgegner-Grafiken bis zum «Rockefeller Plan von 2010», demzufolge alle Bürger ihre «Besitztümer abtreten» müssen, bevor sie geimpft werden und ihre Freiheiten zurückerhalten. Auch dieser Thesen-Mix hört sich vertraut an: von detailverliebter Einzelkritik bis zum irrwitzigen Verschwörungsgeraune. Neu ist daran allein das Schreckgespenst der Totalenteignung; bei der atomaren Hochrüstung ging es noch ums nackte Überleben.

Werden die Anwesenden deshalb so misstrauisch beäugt? Etwa zehn Ordnungshüter gehen langsam im Halbkreis umher und haben jede Regung im Blick. Zuweilen geben sie halblaut Anweisungen, dies oder jenes zu tun oder zu unterlassen. Reagiert die angesprochene Person nicht sofort, wird sie in ein Wortgefecht verwickelt. Die Atmosphäre ist leicht angespannt: Werden die Auflagen nicht eingehalten, könnte die Polizei die Versammlung jederzeit auflösen und würde wahrscheinlich kaum zögern, es zu tun.

Dieser unterschiedliche Umgang mit zwei kleinen Kundgebungen scheint mir symptomatisch zu sein. Der Kampf gegen Rechtsextremismus ist Staatsziel. Alle gesellschaftlich relevanten Gruppen unterstützen ihn. Dazu haben sich im Lauf von 70 Jahren ritualisierte Formen und Sprachregelungen herausgebildet, die allgemein akzeptiert werden – sogar die Aktionen der Antifa. Wenn ihre Rabauken mit jugendlichem Feuereifer über die Stränge schlagen, lässt man sie nachsichtig gewähren, solange sie es nicht übertreiben: Selbsternannte Nazi-Jäger haben die Lizenz zu moderaten Regelverstößen.

Anders die Corona-Querdenker, oder wie immer man sie bezeichnen soll: Sie wehren sich gegen den Konsens der überwiegenden Mehrheit der Gesellschaft, angesichts eines Problems, das allen auf den Nägeln brennt, wobei sich die Gefahrenlage und Gegenstrategien im Wochentakt ändern. Was die Bevölkerung sehr verunsichert – entsprechend heftig fallen ihre Reaktionen aus, um Ruhestörer und Nervensägen mundtot zu machen. Folglich greifen Medien gern jede Gelegenheit auf, sie zu stigmatisieren, indem sie mit Esoterikern und Rechtsradikalen in Verbindung gebracht werden. Wie man mit denen fertig wird, ist klar; siehe Magdeburg.

Den Ausschluss aus der öffentlichen Diskussion machen die Querdenker ihren Gegnern leicht, weil sie selbst nichts Neues zu bieten haben. Womit ich weniger den Retro-Look solcher Kundgebungen meine, der durchaus Déjà-vu-Gefühle der Sympathie auslösen kann: David gegen Goliath. Sondern die Tatsache, dass es ihnen nicht gelingt, irgendwelche anregenden, weiterführenden Thesen und Perspektiven zu formulieren. Wenn alle der Reihe nach ans Mikro drängen, um ihre Sorgen, Ängste, Wut und Trauer loszuwerden, wird daraus nur eine Kakophonie der Klagen. Er werde «so lange demonstrieren, bis alle Corona-Einschränkungen aufgehoben sind», sagt mir ein Mann am Infostand. Er will also auch nur zurück zum Status quo ante. Das erinnert mich an Falun-Gong-Anhänger, die seit etlichen Jahren mit Mahnwachen vor der Chinesischen Botschaft in Berlin ausdauernd gegen die Verfolgung ihrer Bewegung in der Volksrepublik protestieren. Selbstverständlich erfolglos.

Dabei könnten konstruktive Reflexion und Kritik an vielen Punkten ansetzen. Etwa an der halbgaren Corona-App, die mehr als 25 Millionen Bürger auf ihrem Handy mit sich herumtragen, obwohl sie wenig nützt. Oder dem Nachfolger «Luca» und ähnlichen Apps, die alle Orte registrieren, an denen sich ihr Träger aufhält. Man könnte über das Wohl und Wehe jetziger Datenschutz-Standards streiten; sie werden bislang so vehement verteidigt, als führe ihre zeitweilige Suspendierung unweigerlich und schnurstracks in den Überwachungsstaat. Ebenso fruchtbar könnten Debatten über Chancen und Risiken von Rosskuren sein. Wie aussichtsreich wäre ein superharter Lockdown, in denen drei Wochen lang keiner seine Wohnung verlässt, um das Virus praktisch auszurotten? Andere Länder haben Ähnliches versucht, mit unterschiedlichem Erfolg.

Solche Ergebnisse genau zu studieren und Vielversprechendes zu übernehmen, wäre sehr lohnenswert; zum Bessermachen ist es nie zu spät. Doch dazu sind die Fuldaer Friedensfreiheitsfreunde weder willens noch in der Lage. Wenn Basisdemokratie sich im Jammern erschöpft, behalten exklusive Eliten in Politik, Wirtschaft und Medien die Diskurshoheit. Alle Macht dem Status quo.

Wie einst zu Nato-Nachrüstungszeiten: Protestkundgebung von Corona-Querdenkern in Fulda

Gesalzene Gürteltiere

Der Landstrich an der Mittelelbe nördlich von Magdeburg ist ausgesprochen reizarm: Flache Flussauen mit struppigem Wintergras, vereinzelt kahle Bäume und Büsche, sonst nichts. Während ich am Ostufer auf einem Damm gen Süden radle, fesselt jedoch etwas meine Aufmerksamkeit: Auf der anderen Flussseite, etwa fünf bis zehn Kilometer entfernt, versperrt eine undefinierbare Formation den Horizont. Sie ist lang, sehr lang – mindestens drei Kilometer. Für einen gewöhnlichen Hügel ist die Oberkante zu gerade, wie mit dem Messer kupiert. Und zu unbewachsen: Die Seiten sind durchgängig dunkel- bis hellbraun, an zwei Stellen schmutzigweiß. Beim Näherkommen fällt mir auf, dass sie in zwei Abschnitte unterteilt sind, die von unzähligen Riefen schraffiert werden; als wären sie gigantische, platt gewalzte Gürteltiere. Was mag das sein?

Wäre diese Gegend dichter besiedelt und stärker industrialisiert, hätte ich es vielleicht rasch erraten. Doch ich finde erst später heraus: Das sind die beiden Abraumhalden des Kaliwerks Zielitz – des größten deutschen Kalibergwerks und eines der größten weltweit. Keine Überbleibsel aus dem goldenen Zeitalter der Montanindustrie, sondern jüngeren Datums. Seit 1973 fördert man hier in riesigem Maßstab Kalisalze, jährlich bis zu zwölf Millionen Tonnen. In Schächten, die 1300 Meter tief in die Erde reichen, werden mehr als sieben Meter dicke Rohsalz-Flöze abgebaut und hinauf transportiert. Wieso entstehen dabei monströse Halden?

Kalisalze werden hauptsächlich zu Mineraldünger verarbeitet; dessen Kaliumanteil liegt bei 60 Prozent. Er beträgt beim geförderten Rohsalz aber nur

24 Prozent, also wird es aufbereitet. Das überschüssige Steinsalz türmt sich im Lauf der Zeit zu künstlichen Bergen auf, die in Zielitz «Kalimandscharo» genannt werden – mehr als 300 Millionen Tonnen Abraum seit Errichtung der Anlage. Ein übersehbarer Fremdkörper in der Landschaft, der niemanden stört, denn er sorgt in einer strukturschwachen Gegend für 1800 Arbeitsplätze. Was sich kaum bemerkbar macht: Der Abbau unter Tage geschieht weitgehend automatisiert, die Aufbereitung läuft in geschlossenen Hallen ab. Ich muss genau hinsehen, um auf meinem Foto von den Halden ganz oben winzig kleine Förderbänder zu erkennen: Sie schaufeln ständig weiteres Gestein herauf.

Bergbau in Deutschland? Darunter stellte ich mir bislang Steinkohleförderung im Ruhrgebiet vor; sie wurde 2018 beendet. Oder Braunkohle-Tagebau im Rheinland, in Mitteldeutschland und der Lausitz; er wird in wenigen Jahren eingestellt. Doch es gibt viel mehr, wie ich auf dieser Tour lerne – nicht nur historische Relikte im Harz. Zum Beispiel südöstlich im Mansfelder Land: Hier wurde jahrhundertelang bis Ende der 1980er Jahre Kupferschiefer abgebaut. Die Abraumhalden von mehr als einem Dutzend Schächte sprenkeln diese Gegend. Deutlich kleiner als die Salzberge von Zielitz, sehen manche wie spitze Kegel aus und erinnern an Pyramiden. Andere ähneln dunklen Klippen oder Felsformationen; bei frisch gefallenem Schnee ziert sie ein bizarres Hahnentrittmuster.

Obwohl die meisten älter als 50 Jahre sind, fällt mir auf, dass sie kaum Vegetation aufweisen. Hier und da hat ein schütteres Bäumchen Wurzeln geschlagen, ansonsten bleiben sie nackt. Mancherorts, etwa zwischen Helbra und Hergisdorf oder Eisleben und Wimmelburg, säumen solche Halden beide Seiten der Landstraße. Zwischen ihnen durch zu radeln, hat etwas Unheimliches – wie ein Kurztrip in einer Mondlandschaft. Warum die Renaturierung ausbleibt, erklärt mir ein freundlicher Frührentner, mit dem ich in Wimmelburg ins Gespräch komme: «An diesem tauben Gestein bleibt kein Mutterboden haften.» Sein Vater habe in der DDR als Bergmann gearbeitet; daher kenne er sich damit aus. Rechts der Straße liege normaler, graubrauner Abraum. Die Halde zur Linken bestehe jedoch aus schwarzer Schlacke, dem Verbrennungsrückstand bei der Kupferverhüttung. «Sie ist hart und scharfkantig wie Glas», ergänzt der Herr: «Darauf wird nie etwas wachsen.» Ab Mitte des 19. Jahrhunderts bis zum Ende der DDR habe man die Schlacke teilweise zu Steinen für den Straßenbau verarbeitet, doch sie seien für Pflaster eher ungeeignet: «Ihre Oberfläche ist zu glatt und rutschig.»

In lieblich grünen Mittelgebirgsregionen sehen diese Schutthaufen fast außerirdisch aus. Von Weitem lässt sich unmöglich beurteilen, ob sie vor langer Zeit aufgeschüttet wurden oder immer noch anwachsen. Etwa im Kalirevier im mittleren Werratal: Dieses Grenzgebiet zwischen Osthessen und Westthüringen wird wegen seiner zahlreichen Halden scherzhaft «Land der weißen Berge» genannt. Hier liegen mehrere Bergwerke nahe beieinander. Seit Anfang des 20. Jahrhunderts sind sie in Betrieb, das größte im hessischen Heringen. Die dortige Halde heißt «Monte Kali» und wird mit Schildern als Touristenattraktion ausgewiesen. Auf Deutschlands höchstem Kaliberg, der seine Umgebung um mehr als

200 Meter überragt, wurden vor der Corona-Pandemie sogar geführte Wanderungen angeboten, berichtet mir eine Bäckerei-Verkäuferin.

Zehn Kilometer weiter thront eine Halde über dem Ort Philippsthal wie eine unheilvoll dräuende Wanderdüne. Dagegen sollen Solidaritäts-Parolen Optimismus verbreiten. «Hand in Hand für die Kaliindustrie im Werratal», lese ich am Straßenrand auf einem Banner mit kleinen Scherenschnitt-Figürchen, die Menschenketten bilden. «Danke, dass ihr unsere Versorgung sichert», motiviert die K+S AG ihre Mitarbeiter auf einem Großplakat am Werksparkplatz in Philippsthal: «Ihr sorgt dafür, dass Landwirte gute Ernten einfahren, dass Infusionen vorrätig bleiben und Lebensmittel gewürzt werden können.» Genauer gesagt: Nahrung gesalzen werden kann. Die K+S AG, bis 1999 unter dem Namen Kali und Salz bekannt, ist der größte Salzhersteller der Welt und setzt mit fast 15.000 Beschäftigten rund um den Globus jährlich etwa vier Milliarden Euro um. Zeitweise zählte das wenig bekannte Bergbau-Unternehmen mit Sitz in Kassel zu den 30 DAX-Firmen. Seine Produkte machen rund zehn Prozent des Massengüter-Umschlags im Hamburger Hafen aus.

Zu viel Salz verdirbt aber nicht nur jede Suppe, sondern auch die Umwelt. Die enormen Kali-Abraumhalden bestehen vor allem aus Steinsalz; jeder Regenschauer schwemmt ein wenig davon fort. Außerdem wird seit Anfang des 20. Jahrhunderts in Wasser gelöstes Abfallsalz in die Werra eingeleitet, was bereits damals die Trinkwasserversorgung flussabwärts liegender Städte gefährdete. Überdies versenkt K+S Salzlauge in porösen Gesteinsschichten; ein Teil davon sickert ebenfalls ins Flussbett. Zu DDR-Zeiten war die in Thüringen entspringende Werra völlig versalzen und ihre Fauna praktisch tot.

Seit zwei Jahrzehnten streiten Behörden und Umweltschützer mit dem Unternehmen über neue Entsorgungskonzepte; zwischenzeitlich war sogar eine 450 Kilometer lange Abwasser-Pipeline aus dem Kalirevier zur Nordsee im Gespräch. Ab 2022 sollen salzhaltige Abfälle der Kaliproduktion in stillgelegten Bergwerken in Thüringen eingelagert werden.[33] Diese «Zwischenlagerung» unter Tage erinnert an den Umgang mit radioaktiven Abfällen – auch für die werden bis heute Endlager gesucht.[34]

Nur vier Kilometer südlich von Philippsthal, aber bereits auf thüringischem Gebiet, liegt das Dorf Unterbreizbach im geradezu unverschämt malerischen Tal des Flüsschens Ulster. Ebenfalls Standort einer Kaligrube, aber ohne eigene Halde; hiesiger Abraum landet auf der von Philippsthal. Zu behaupten, das Werk mit rund 700 Beschäftigten dominiere das Ortsbild, wäre weit untertrieben: Sein Betriebsgelände scheint größer zu sein als das gesamte übrige Dorf.

«Hier buckeln sie alle vor K+S», erzählt mir eine Fleischereibesitzerin, bei der ich Knacker im Brötchen als Mittags-Snack kaufe: Gegen Versalzung und Naturzerstörung protestiere keiner, weil es kaum andere Arbeitsplätze gebe und die Einheimischen daran gewöhnt seien. «Den meisten Leuten hier geht es gut, denn sie waren in der DDR Doppelverdiener und kassieren nun zwei Renten. Doch sie haben Angst, wegen Corona etwas abgeben zu müssen und von ihrem Wohlstand zu verlieren. Deswegen meckern sie genauso wie in der Flüchtlingskrise 2015», sagt sie. Damals hätten sie über «Kanaken» geschimpft – und dabei «vergessen, dass wir Ossis nach dem Mauerfall selbst die Kanaken waren, weil wir nicht nach Sanso-Weichspüler dufteten». Dass die Dame kein Blatt vor den Mund nimmt, gefällt mir. Offenbar macht es ihr Spaß, mit einem Ortsfremden Tacheles zu reden. Sie kann sich das leisten; als Inhaberin eines florierenden Handwerksbetriebs ist sie zumindest vom Bergbau-Riesen unabhängig.

Grundstoffproduzenten, die in ihrer Region die Spielregeln selbst bestimmen und Altlasten anhäufen, operieren nicht nur unter Tage. Die beiden größten Industrieanlagen, denen ich auf meiner Fahrt begegne, stehen jeweils in idyllischen Flusstälern nahe Kleinstädten mit pittoresken historischen Stadtkernen – Bernburg an der Saale und Karlstadt am Main. Beide Konglomerate sind ausgedehnt wie kleine Stadtviertel: ein hellgraues Gewirr aus haushohen und fensterlosen Silos, Zylindern und Schornsteinen, untereinander verflochten mit Spinnennetzen aus Röhren und Förderbändern, scheinbar menschenleer. Arbeiten dort so wenige Leute oder brauchen sie dafür kein Tageslicht?

Womit sie sich beschäftigen, kann ich beim Vorbeifahren nicht sehen: In unmittelbarer Nähe beider Standorte befinden sich große Steinbrüche. Dort wird Kalkstein abgebaut und in den Anlagen zu Zement gebrannt. Beide gehören demselben Betreiber. Es handelt sich um zwei der vier deutschen Werke von Schwenk Zement, dem mit 3500 Mitarbeitern und 830 Millionen Euro Jahresumsatz drittgrößten Unternehmen der Branche hierzulande. Das zweitgrößte namens Dyckerhoff mit etwa doppelt so viel Beschäftigten und Umsatz zählt zum Konzern der italienischen Buzzi Unicem, der Nummer Acht weltweit. Der deutsche Branchenprimus heißt HeidelbergCement, ist mehr als fünf Mal so groß wie Dyckerhoff und Schwenk zusammen – und damit der zweitgrößte Zementhersteller der Welt.

Zement ist der meistverwendete Werkstoff überhaupt; ohne ihn als Bindemittel gäbe es weder Beton noch Mörtel, also keine modernen Bauwerke. Wenn er bei mehr als 1400 Grad gebrannt wird, setzt Kalk enorme Mengen an Kohlendioxid frei. Die globale Zementindustrie verursacht sechs bis acht Prozent des jährlichen $CO2$-Ausstoßes in die Atmosphäre – das enspricht dem Drei- bis Vierfachen des gesamten Flugverkehrs.[35] HeidelbergCement allein soll etwa genauso viel Treibhausgas in die Luft pusten wie ganz Österreich. Will die Bundesrepublik ihre ehrgeizigen Reduktionsziele einhalten, müsste die Zementindustrie ihre jährlichen Emissionen schon bis 2030 um mindestens 16 Prozent verringern. Ob und wie das technisch machbar wäre, ist noch völlig unklar.

Nicht nur beim Umweltschutz, sondern auch bei der Kostenkalkulation des Baugewerbes spielen Zementhersteller eine unrühmliche Rolle. 2004 deckte das Bundeskartellamt ein Zementkartell auf: Seit den 1970er Jahren hatten die drei genannten deutschen Firmen, die britische Readymix, die französische Lafarge und Holcim in der Schweiz (beide haben mittlerweile fusioniert) sich wettbewerbswidrig untereinander abgesprochen und damit Preise künstlich hoch gehalten. Das Amt verdonnerte die sechs Firmen zu insgesamt 661 Millionen Euro Strafe – die höchsten Bußgelder, die bis dato je in Deutschland verhängt worden waren. Ein Gericht reduzierte sie später auf die Hälfte. Damit nicht genug: 2010 leitete die EU-Kommission ein weiteres Kartellverfahren ein. Diesmal gegen acht Firmen, darunter HeidelbergCement, Dyckerhoff und Holcim. Allerdings wurde das Verfahren 2015 eingestellt.

Was hat all das mit Corona zu tun? Vordergründig nichts. Doch diese Begegnungen mit Kaligruben, Steinsalz- oder Schlacke-Halden und Zementwerken machen mich auf Industriezweige aufmerksam, deren Bedeutung mir zuvor kaum bewusst war. Wenn es in den Medien um die Industrie geht, dann vor allem um Automobilbau, Maschinenbau und Elektrotechnik – sowie um IT und *Life Sciences*, von denen Deutschland dringend mehr benötige. Aber Bergbau und Baustoffe? Dabei spielen beide Branchen eine enorme Rolle. Bis zum Ersten Weltkrieg hatte das Deutsche Reich sogar ein Weltmonopol auf Kaliabbau. Noch heute ist die Bundes- republik einer der fünf größten Kali-Produzenten der Erde nach Kanada, Russland, Belarus und China.[36] Bei der Zement-Produktion rangiert zwar Deutschland global nur auf dem 16. Rang, doch heimische Hersteller haben etliche Niederlassungen im Ausland.[37]

Die unübersehbare Präsenz ihrer Betriebs- stätten und Abfallprodukte sind eindrucksvolle Beispie- le für das, was Sozialwissenschaftler «Pfadabhängig- keit» nennen. Vor langer Zeit wurden Entscheidungen getroffen, die bis heute nachwirken: für umfangrei- chen Einsatz von Mineraldünger in der Landwirt- schaft und von Beton im Bauwesen. Dann investierte man aufwändig in entsprechende Infrastruktur. Welche massiven Umweltschäden sie hervorruft, ist inzwischen klar. Doch die ökonomischen Strukturen haben sich verfestigt, sind längst ausgehärtet – und viele Akteure daran interessiert, dass alles unverändert bleibt. Weil sie davon profitieren, während die Nebenwirkungen andere ertragen müssen. Gewinne privatisieren, Verluste sozialisieren: Dieses Prinzip ist hierzulande so fest verankert, dass es auch den Verlauf der Corona-Pandemie verständlich macht. Damit das produzierende Gewerbe ungestört weiterarbeiten kann, müssen Schulen und Hochschulen schließen.

Übermotorisiert und unterbewegt

Autoverkehr und seine Abgas-Emissionen gingen während des Lockdowns deutlich zurück, heißt es. Das mag so sein; ich bemerke davon wenig. Für mich als Radfahrer macht es kaum einen Unterschied, ob ich mich vor einer roten Ampel rechts an drei, fünf oder sieben wartenden Autos bis zur Haltelinie vorbeischlängele. Oder ob ich bei Grün nach dem Losfahren von zwei, vier oder sechs Autos überholt werde. Nicht auf die Anzahl der Fahrzeuge kommt es an, sondern auf das Verhalten ihrer Lenker. Ein einzelner Drängler, der rücksichtslos mit geringem Abstand vorbeirast, erschreckt und irritiert mich wesentlich mehr als zwei Dutzend Pkw, die um mich einen weiten Bogen machen.

Wobei ich keine effektivere Methode kenne, um meine Nerven zu stählen, als eine längere Strecke auf einer viel befahrenen Bundes- oder Landstraße zurückzulegen. Nach einer Weile stumpfen die Sinne gegen heulende Motorengeräusche ebenso ab wie gegen den Luftsog von Sattelschleppern, die donnernd an mir vorbei brettern. Meine Überlebensstrategie ist, möglichst eng am rechten Fahrbahnrand zu bleiben. Von dem halten selbst unsichere Autofahrer sich fern, damit sie nicht von der Straße abkommen.

Im Übrigen halte ich die Vorstellung vom wilden Asphaltdschungel, in dem Pistenrowdys Jagd auf Radler machen, für reichlich überzogen. Außerhalb von Ortschaften haben Radfahrer nur punktuell bis sporadisch Kontakt mit Motorisierten. Auf den meisten Radwegen – ob querfeldein oder separat neben Straßen – sind Radler mit sich und ihresgleichen allein. Anders sieht es bei Radfahr- oder so genannten Schutzstreifen auf der Fahrbahn aus; sie werden von manchen Automobilisten bedenkenlos ignoriert.

      Dass sie mit waghalsigen Überholmanövern mir plötzlich den Weg abschneiden und ich scharf bremsen muss, erlebe ich öfter. Doch das könnte anderen Auto- oder Motorradfahrern genauso passieren. Dagegen bin ich innerorts klar im Vorteil. Während Autos in unübersichtlichen Straßen von Kreuzung zu Kreuzung schleichen und ständig vor roten Ampeln warten müssen, fahre ich dann und dort, wenn und wo frei ist; notfalls auch ein paar Meter über den Bürgersteig. Und weide mich schadenfroh am Anblick der aufgereihten Blechkisten: Ihre wahre Bestimmung ist der Stau.

Nichts symbolisiert den hochtourig lärmenden Stillstand unseres Landes besser als das, was unaufhaltsame und grenzenlose Mobilität verspricht: Autos. In einschlägigen Werbespots kurven lässige Lenker in schnittigen Modellen durch idyllische Landschaften: «aus Freude am

Fahren». Doch für die meisten Menschen ist es nur eine lästige tägliche Pflichtübung – sie freudvoll zu nennen, wäre so widersinnig, als würde ein Zahnpasta-Hersteller mit dem Slogan «aus Freude am Zähneputzen» werben.

Automobiler Alltag sieht gewöhnlich trist aus. Nervtötendes Stop and Go auf verstopften Straßen, zeitraubende Suche nach Parkplätzen, happige Spritkosten. Nichts davon kann offenbar den Deutschen ihre Lust auf motorisierten Individualverkehr verderben. Sie steigt und steigt und steigt: 2012 waren erst 51,7 Millionen Kraftfahrzeuge auf heimischen Straßen unterwegs.[38] Acht Jahre später sind es bereits knapp 66 Millionen Fahrzeuge; das entspricht 70 Kfz pro 100 Einwohnern – und einer ganzen Million mehr als im Vorjahr.[39]

Wobei der Trend zu immer größeren Gefährten geht. Den mit Abstand stärksten Zuwachs verzeichnen die berühmt-berüchtigten «Sport Utility Vehicles» (SUV). 2019 wurden 19,8 Prozent SUV mehr zugelassen als im Vorjahr, wodurch ihr Anteil an allen Pkw auf 7,9 Prozent stieg. Rechnet man ähnlich voluminöse Modelle wie Geländewagen, Vans, Kleinbusse und Pickups hinzu, zählt inzwischen jeder vierte Pkw in Deutschland zu dieser Gewichtsklasse. Für Landwirte, Förster und achtköpfige Familien sind sie wohl nützlich. Bei allen anderen Haltern fragt man sich, warum sie viel Geld ausgeben, um einen klobigen Mini-Panzer durch die Gegend zu manövrieren. Nicht für mehr Fahrkomfort, im Gegenteil: Auf schmalen Straßen, in engen Parklücken und Parkhäusern sind solche Autos viel unhandlicher, als es Kleinwagen wären. Daher dürften SUV und Verwandte auch unfallträchtiger sein:

Wer sich breit macht, eckt leichter an. Ihre Vorzüge aus Sicht ihrer Besitzer muss man eher auf psychologischer Ebene suchen.

Ventile für Offroad-Bewegungsdrang sind sie sicher nicht. Im Durchschnitt stehen Privat-Pkw 23 Stunden am Tag herum und nehmen Platz weg. Bei ähnlich teuren und langlebigen Wirtschaftsgütern wie Maschinen oder Gebäuden, die nur fünf Prozent ihrer Lebensdauer tatsächlich genutzt würden, sprächen Ökonomen von maßloser Ressourcenverschwendung. Bei Autos gilt das als normal. Sie nur auszuleihen, um rasch, bequem und trocken von A nach B zu kommen, wäre viel günstiger. Doch Carsharing fristet, trotz Wachstums im Corona-Jahr 2020, weiter ein Nischendasein. Knapp 2,9 Millionen Kunden haben sich für eine Flotte von 26.000 Fahrzeugen registriert.[40] Mehr als 100 Lenker teilen sich also einen Wagen – intensive Nutzung sieht anders aus.

Sicherlich: Bewohner von Dörfern und Kleinstädten sind auf eigene Autos angewiesen, um mobil zu sein. Aber auf 66 Millionen? Es geht offenkundig nicht ums Autofahren, sondern ums Autohaben. Mögen Trendforscher auch feststellen, dass jungen Leuten hochwertige Handys mittlerweile mehr bedeuten als fahrbare Untersätze – Abermillionen Bürger betrachten sie immer noch als begehrte Statussymbole. Andere Kandidaten dafür sind weggefallen. Angesichts explodierender Immobilienpreise und Mieten können sich viele zwar noch genug Wohnraum leisten, doch nicht mehr mit seiner Größe und Ausstattung angeben. Auch Kleidung, die seit der Bronzezeit das wichtigste Medium für soziale Distinktion war, leistet das kaum noch. Die meisten Menschen tragen entweder standardisierte Berufskleidung oder formlose *casual wear*; das Wissen um feine Unterschiede bei Stoffen und Schnitten, die Mode dekodierbar machen, geht zusehends verloren.

Also bleiben zum Prunken und Prahlen vor dem Laufpublikum am Straßenrand nur Autos übrig. Dabei kommt es weniger auf starke Motorleistung an, die sich praktisch nie ausfahren lässt, als vielmehr auf den Look. Ab 2004 schuf der österreichische Künstler Erwin Wurm seine satirische Serie von «Fat Cars»: übermodellierte Fahrzeuge, deren Chassis so zugespachtelt ist, dass sie kaum noch rollen können. Eineinhalb Jahrzehnte später sehen viele handelsübliche Pkw ähnlich aus: bullig aufgepumpt und ausgebeult, mit allerlei Schlitzen und schrägen Scheinwerfern – zwischen Bodybuilder-Muskelspiel und Spacemobil. Damit imitiert heutiges Autodesign die infantile Ästhetik von Superhelden-Comics.

Solange das lackierte Äußere glänzt, ist das Aussehen der Insassen egal. Öfter halten vor mir gepflegte Autos, denen Gestalten entsteigen, die aussehen, als seien sie gerade aus dem Bett gekrochen: wirres Haar, zerdrückte Sweatshirts, Jogginghosen und Plastiksandalen. Offenbar betrachten solche Leute ihr Fahrzeug als erweiterte häusliche Privatsphäre – die bekanntlich unantastbar ist. Jeder Eingriff könnte den Volkszorn heraufbeschwören. Deshalb hat sich bislang keine Regierung getraut, mit anders kalkulierten Kfz-Steuern die Kaufneigungen der Konsumenten entschieden in eine umweltverträglichere Richtung zu lenken, hin zu kleineren Modellen mit geringerem Verbrauch. Oder – quasi als Gipfel der Provokation – auf deutschen Autobahnen ein

Tempolimit einzuführen, wie in der übrigen Welt. Wer ansonsten ein normiertes Leben führt, eingepfercht in Routine und Zwänge, will sich ab und zu wenigstens einen Geschwindigkeitsrausch gönnen.

Autos sind in Deutschland wesentlich mehr als ein Verkehrsmittel: Sie sind der zentrale Fetisch einer Gesellschaft, die durch zwei verlorene Weltkriege traumatisiert worden ist. Seither gestattet sie sich nicht mehr das kleinste Quäntchen Hurra-Patriotismus, sondern gefällt sich in moralisierender Selbst- und Fremdgeißelung, zumindest in der veröffentlichten Meinung. Nur bei zwei Dingen erlauben sich die Deutschen, ihren negativen Nationalismus ins Positive zu wenden: im Fußball und in der Exportbilanz. Da wollen wir immer Weltmeister sein, um die ewige Schmach der bedingungslosen Kapitulation zu tilgen.

Kraftwagen und deren Teile bilden mit 15,5 Prozent den größten Posten der deutschen Ausfuhren 2020. Dicht gefolgt von Maschinen mit 14,4 Prozent, aber deren Optik ist meist unsexy.[41] Dagegen lassen Autos die Volkswagengemeinschaft träumen: Vor dem geistigen Auge ergießt sich eine Flut deutscher Fabrikate über alle Kontinente. Damit huldigen die Deutschen im Grunde einem vormodernen Handwerks-Ideal: Alle Erzeugnisse sollen berechenbar, solide, verlässlich und dauerhaft sein. Was im Übrigen erklärt, warum sich hiesige Autokonzerne mit dem Elektroantrieb nicht wirklich anfreunden können: Er macht Spitzenerzeugnisse deutscher Ingenieurskunst überflüssig – die Fertigung ist viel einfacher als bei Verbrennungsmotoren. Dann können sogar Chinesen gute Autos bauen! Gottlob ist es noch nicht soweit; noch erlöst keine andere Nation mit ihren Autoexporten so viel Geld wie Deutschland.[42] Dieser alljährliche Rekord ist nicht nur ökonomisch, sondern auch emotional von überragender Bedeutung. Er sichert dem Automobil eine Verehrung, die unerschütterlich ist, weil sie weitgehend unbewusst bleibt. In vielen kleinen Orten voller schlichter Gebäude verbreiten allein die Autohäuser Glamour, indem sie an der Straßenfront funkelnde Neuwagen aufreihen wie Juweliere im Schaufenster ihre goldenen Geschmeide.

Mit rund 13.000 Kilometern Strecke machen Autobahnen nur einen winzigen Bruchteil des deutschen Straßennetzes aus, aber ihr Stellenwert im Kollektivbewusstsein lässt sich kaum überschätzen – ebenso der Aufwand für ihren Bau. Keine andere Anlage greift so stark in die Natur ein wie eine Autobahn. Das erlebe ich manches Mal auf meiner Fahrt, wenn ich sie kreuze.

Schon aus mehreren Kilometern Entfernung höre ich sie; zuerst das giftige Sirren der Motorräder, wie von Rieseninsekten. Dann mischt sich tief dröhnendes Grollen der Sattelschlepper darunter. Beides wird allmählich eingehüllt in das an- und abschwellende Dauerrauschen des übrigen Verkehrs. Derweil kann ich beim Näherkommen die Autobahn oft nur erahnen, aber nicht sehen. Sei es, weil sie ein Waldstück durchquert; sei es, weil ihre Fahrbahnen in bepflanzte Böschungen eingebettet sind, die den Lärm dämpfen sollen.

Dass ich kurz davor bin, merke ich daran, dass unversehens mein Weg spürbar ansteigt: Landstraßen überqueren diese Trassen mit langgestreckten Rampen hinauf zu einer Brücke und wieder hinunter. Wenn ich oben ankomme, ist das für mich gemächlich und leise vor sich hin radelnden Fahrer jedes Mal ein kleiner Schock.

Pfeilschnell jagen Pkw, Kleintransporter, Lkw und Busse auf mich zu, um im Nu unter mir zu verschwinden, wobei sie einander noch überholen – bei unaufhörlich ohrenbetäubendem Krach, fast so laut wie startende Flugzeuge. Kein Zweifel: Jede Autobahn spaltet das Gelände wie eine gigantische Motorsäge.

Ein erhaben schauriges Schauspiel; kaum zu glauben, dass diese menschlichen Kanonenkugeln nicht dauernd kollidieren! Ihre Koordinationsleistung ist so bewunderungswürdig wie ihre Leidensfähigkeit. Stundenlang harren sie hinter dem Steuer aus und starren konzentriert auf die Straße – jede falsche Bewegung könnte ihre letzte sein. Wie sehr sie trotzdem ihren eigenen und anderer Leute Fahrkünsten misstrauen, zeigt der Boom der SUV. Ihre Halter sitzen erhöht, sind von mehr Stahl ummantelt und fühlen sich dadurch sicherer. Als Aufprallschutz eine metallene Ritterrüstung anzulegen, war schon bei mittelalterlichen Turnieren eine gute Lebensversicherung.

Darum, dass sich an alledem nichts ändert, kümmern sich die Bundesverkehrsminister. Ob Friedrich Zim-mermann (CSU), Günther Krause (CDU), Matthias Wissmann (CDU), Wolfgang Tiefensee (SPD), Alexander Dobrindt (CSU) oder Alexander Scheuer (CSU): allesamt fleischgewordene Zylinderköpfe, mit denen eine Verkehrswende kaum zu machen ist – Wissmann wechselte aus dem Bundestag direkt auf den Chefsessel des Verbandes der Automobilindustrie. Laut Bundesverkehrswegeplan sollen zwar die Ausgaben für das Schienennetz bis 2030 etwas stärker steigen als die für Fernstraßen, doch das wird jahrzehntelange Versäumnisse nicht ausgleichen.

Die Deutsche Bahn ist die Hartz-IV-Bezieherin unter den Verkehrsmitteln: Sie erhält gerade genug Mittel, um quietschend ihren Betrieb aufrecht zu erhalten, aber nie so viel, um im Vergleich zum Auto wettbewerbsfähig oder gar attraktiv zu werden. Daher herrscht auf der Schiene ein Zwei-Klassen-System. Alle Metropolen lassen sich leidlich schnell und bequem erreichen, weil das in einem dicht besiedelten Industriestaat unerlässlich ist – weswegen ICEs vor der Corona-Pandemie oft überfüllt und folglich abgenutzt waren. Dagegen gondeln langsamere Personenzüge außer in Ballungsräumen, in denen sie viele Pendler transportieren, meist ziemlich leer durch die Provinz. Obwohl sie häufig hochmodern sind: Der Regionalverkehr ist für private Bahn-Anbieter ein lohnendes und krisenfestes Geschäft, weil ihn die Bundesländer subventionieren.

Jeder Bahnfahrer erlebt regelmäßig, wie abgewirtschaftet die DB ist. Auch ich zwei Mal bei meiner Reise: In Mecklenburg-Vorpommern gießt es auf der Strecke von Grimmen nach Demmin am frühen Abend in Strömen. Zudem schmerzt mein Knie, weil die Querfeldein-Radwege miserabel sind. Auf dem Abschnitt von Vietlipp über Boltenhagen nach Grischow muss ich erst durch einen schmalen, muffigen Tunnel unter der Autobahn A 20 hindurchschlüpfen. Dann führt der Radweg im weiten Bogen zwischen Feldern über Betonplatten. Sie scheinen aus der späten Honecker-Ära zu stammen, als Materialmangel zum ernsten Problem wurde. In den Platten sind Vertiefungen, in die Stahlhaken eingelassen wurden; wohl als Greifhilfe beim Verlegen. Doch mittlerweile hat Erosion diese Löcher tief ausgehöhlt; jedes Mal, wenn mein Vorderrad hineingerät, trifft mich ein kleiner Schlag. Zufälligerweise befindet sich in der Nähe der einzige Bahnhof zwischen beiden Städten, und demnächst kommt ein Regionalzug. Also radele ich dorthin. Im winzigen Dorf Rakow sehe ich keinen Wegweiser zum Bahnhof; um ihn zu finden, muss ich dem Schienenverlauf folgen. Wobei die Bezeichnung «Bahnhof» viel zu hoch gegriffen ist für den verlassenen, verwitterten Backsteinbau am Ende einer Sackgasse, den eine einsame Laternenfunzel beleuchtet. Es gibt weder Fahrpläne oder Ticket-Automaten noch Bahnsteige; an welcher Stelle die Waggons halten, deutet nur ein kurzer Schotterpfad am Gleis an. Stünde daneben nicht ein winziges Wartehäuschen, müsste ich im Regen ausharren.

Dass am stockdunklen Horizont plötzlich ein Scheinwerferpunkt auftaucht und rasch größer wird, kann ich kaum fassen. Der Zug ist pünktlich. Außer mir steigt keiner aus oder ein; drinnen sitzt verstreut eine Handvoll Gestalten. Ich bin zum Schwarzfahren gezwungen, denn ein Automat oder Zugbegleiter fehlen – offenbar lohnen sie bei so wenigen Fahrgästen nicht. Solche Züge nennt man in Bayern «Lumpensammler»; der Bahnhof von Demmin sieht kaum einladender aus. In Entwicklungsländern wie Indien oder Kenia bietet die Bahn erheblich mehr Service.

Ganz anders verläuft meine zweite Bahnfahrt im Kraichgau. Zum ersten und einzigen Mal auf dieser Tour will ich abends einen Freund besuchen; er lebt bei Bruchsal. Doch ich bin spät dran und von etlichen Steigungen erschöpft; daher entschließe ich mich, eine Teilstrecke im Regionalzug zurückzulegen. Der Bahnhof von Eppingen ist stattlich, aber verschlossen; nach 40

Minuten Frösteln auf dem Bahnsteig darf ich mich ins warme Abteil setzen. Acht Stationen weit geht alles glatt, doch in Bretten bleiben wir ohne Vorwarnung stehen.

Zehn, 15, 20 Minuten Warten – dann die Durchsage: «Die Fahrt endet hier, bitte alle aussteigen». Immerhin läuft der Zugführer persönlich durch den Fahrgastraum und erklärt, eine kaputte Lokomotive blockiere den Schienenstrang und müsse abgeschleppt werden. Wir gestrandeten Fahrgäste sollten Taxis nehmen und unsere Quittungen zur Erstattung einreichen. Was für einen Passagier mit Fahrrad und Gepäck unmöglich ist; fluchend quäle ich mich über steile Hügel zum Wohnsitz meines Freundes.

Spreche ich DB-Mitarbeiter auf solche Vorfälle an, entgegnen sie zu meiner Verblüffung: Die Eisenbahn sei zu beliebt. Auf den Hauptachsen zwischen den Metropolen verkehrten die Züge so eng getaktet, dass sie kaum mehr Passagiere und Güter befördern könnten; zudem mangele es an Lokomotiven und Waggons. Auf die nahe liegende Strategie, die Kapazität kräftig zu erhöhen, scheinen die Bahn-Bosse erst in jüngster Zeit gekommen zu sein. Etwa beim Schienennetz: Von 1994 bis 2004 wurden jedes Jahr mehr als 400 Kilometer Strecke stillgelegt[43] und bis 2019 weitere 3600 Kilometer, während nur 827 Kilometer neu hinzukamen.[44] Damit ist das Netz im letzten Vierteljahrhundert um fast ein Fünftel auf etwa 38.000 Kilometer geschrumpft.[45] Da erscheint es verwunderlich, dass im gleichen Zeitraum die Zahl der Bahnfahrer um rund vier Fünftel gestiegen ist – wobei aber trotzdem neun Mal mehr Menschen ein Auto benutzen.[46] Derweil schwankt der Anteil der Bahn am gesamten Güterverkehr seit 2011 zwischen

112

18 und 19 Prozent, während auf der Straße weiterhin 71 Prozent aller Güter transportiert werden;[47] von Verlagerung auf die Schiene kann also keine Rede sein. Reicht dafür das bestehende Netz nicht aus, sollte man es massiv ausdehnen – oder enger knüpfen. Bundesweit werden ständig Autobahnen von zwei auf vier oder sechs Fahrstreifen erweitert; warum nicht zusätzliche Gleise neben den vorhandenen verlegen?

Dass es mit dem Ausbau bestehender Strecken allein nicht getan ist, zeigt allerdings der Niedergang der Binnenschifffahrt. Während Welthandel und Frachtaufkommen rasant wuchsen, ist die Güterbeförderung auf deutschen Wasserstraßen seit ihrem historischen Höchststand 2006 um ein Fünftel gesunken;[48] damit fiel ihr Anteil am Gesamtverkehr von mehr als zehn auf nur noch sieben Prozent. Davon werden mehr als vier Fünftel auf dem Rhein transportiert. Alle übrigen Flüsse und Kanäle spielen nur eine geringe Rolle, obwohl sie mit enormem Aufwand ausgebaut und unterhalten werden.

Etwa das neue Schiffshebewerk Niederfinow am Oder-Havel-Kanal: Es wird seit 2009 errichtet, soll knapp 300 Millionen Euro kosten und seinen Vorgänger von 1934 ersetzen, der für Containerschiffe zu klein ist. Oder das Wasserstraßenkreuz Magdeburg: Bis Ende des 20. Jahrhunderts mussten aus Westen vom Mittellandkanal kommende Schiffe in den Elbefluss und diesen nordwärts fahren, bevor sie nach Osten in den Elbe-Havel-Kanal einbiegen konnten. Um ihnen 12 Kilometer Umweg zu ersparen, wurde ab 1998 bei Hohenwarthe für 130 Millionen Euro eine Trogbrücke über den Fluss gebaut, die beide Kanäle verbindet. In

Sachsen-Anhalt steht also die mit 918 Meter Länge größte Kanalbrücke Europas; das gesamte Wasserstraßenkreuz mit mehreren Schleusen hat eine halbe Milliarde Euro gekostet.

Als ich am siebten Tag meiner Tour nachmittags dort ankomme, empfängt mich in Betonbassins plätscherndes Wasser – sonst nichts. Kein einziges Schiff ist zu sehen, weder in den Schleusen noch auf der Brücke oder im Elbefluss. Dabei fiel die Entscheidung zum Bau des Wasserkreuzes aufgrund einer Prognose, die eine Versechsfachung des Schiffsverkehrs voraussagte. 2010 betrug er aber nur fünf bis zehn Prozent des erwarteten Volumens – und lag damit teilweise noch unter dem Aufkommen vor dem Ausbau. Während hier Hunderte von Millionen Euro im Bördeboden versenkt wurden, erstaunt mich andernorts, wie dürftig die Infrastruktur an den Ufern dieses Flusses ist, der halb Deutschland durchquert.

Von Lauenburg bei Hamburg bis Magdeburg gibt es auf rund 250 Kilometern nur drei Brücken: bei Dömitz, Wittenberge und Tangermünde. Wer zwischen ihnen über die Mittelelbe will, ist auf Fähren angewiesen. Falls sie in Betrieb sind: Als ich in Sandau südlich von Havelberg zur Fährstelle radele, blicke ich auf eine Fahrspur, die in leicht aufgewühltes Elbwasser hineinführt – sonst nichts. Als ob die Landstraße seit geraumer Zeit vom Fluss überflutet werde. Die Fähre «ist seit einem dreiviertel Jahr defekt», erklärt mir ein freundlicher Sandauer, der an seinem Pkw-Motor herumschraubt: Da der Fährbetrieb im 15 Kilometer entfernten Arneburg im Winter eingestellt werde, müsse ich 30 Kilometer bis zur Brücke vor Tangermünde fahren. Südlich von Tangermünde habe ich mehr Glück: Die Motorfähre von Rogätz verkehrt auch am Wochenende – keine Selbstverständlichkeit. Außer mir rollt nur ein Auto auf die schwimmende Plattform mit ihrem Steuerhaus an Steuerbord. Der Fährmanns-Helfer, der die Fahrzeuge einweist und die Gebühr kassiert, entspricht mit wettergegerbtem Gesicht und rotblonden Koteletten ganz meiner Vorstellung von einem bärbeißigen Binnenschiffer; nur raucht er «Club»-Zigaretten anstatt einer zerkauten Pfeife.

Dass ich im Januar mit Rad übersetze, wundert ihn; dass ich behaupte, auf Dienstreise zu sein, noch mehr – meine Begründung will er gar nicht hören. Wenigstens lässt er sich ein paar Einzelheiten über den Fährbetrieb entlocken. Zurzeit kämen kaum Autos, weil es wenig Ziele gebe, die anzusteuern sich lohne; dennoch pendele die Fähre den gesamten Winter über den Fluss, solange darauf keine Eisschollen schwämmen, sagt er sinngemäß in Halbsätzen. Dann will er doch wissen, warum und wohin ich unterwegs bin. Als ich erkläre, für eine Reportage über Deutschland im Lockdown zu recherchieren, ist er erstaunt: Was sei an diesem dünn besiedelten Landstrich so interessant? Zum Beispiel, wie wenige Elbe-Brücken es gebe, entgegne ich: Den meisten Westdeutschen dürfte unbekannt sein, dass sich der zweitgrößte deutsche Strom auf langen Abschnitten nur mit Fähren überqueren lässt. Das ist ihm wiederum neu – so viel zur inneren Einheit.

Nach etwa fünf Minuten landen wir an der anderen Flussseite an. Eine geruhsame, malerische Fahrt – und nicht billig: Ich zahle dafür zwei, ein Pkw vier Euro und ein Lkw bis zu 20 Euro. Für zehn Überfahrten gibt es Mengenrabatt. Aber nur von 6 bis 19 Uhr abzüglich

Mittagspause, am Wochenende ab 9 Uhr: Da will jede Flussüberquerung im Voraus geplant werden.

Einerseits Mega-Fehlinvestitionen, andererseits Vernachlässigung und Verschleiß: Die Schlagseite zuungunsten von Schienen- und Wasserwegen ist politisch gewollt oder wird billigend in Kauf genommen. Bahn und Binnenschifffahrt sollen gar nicht so attraktiv werden, dass sie dem Straßenverkehr den Treibstoff abgraben könnten. Das verschleiern Monsterbauten, die alle paar Jahre für Unsummen hingeklotzt werden, um Jobs und Wohlstand zu sichern – jedenfalls bei den Auftragnehmern. Dass sich schon bei Grundsteinlegung absehen lässt, wie verschwenderisch die Projekte sind, bemängeln die Rechnungshöfe, ohne Gehör zu finden. Nicht nur in der Preisklasse von Stuttgart 21 oder BER-Flughafen: In Berlin hat die Bahn zwischen 1998 und 2018 in Spandau, am Südkreuz und am Ostkreuz drei Riesenbahnhöfe hochgezogen, von denen jeder mehr als eine halbe Milliarde Euro verschlang – anstatt für dieses Geld Dutzende von heruntergekommenen Provinzbahnhöfen zu sanieren, um mehr Fahrgäste anzulocken.

Das ginge auch ohne Betongold: Selbstredend sind Lastkähne und Güterzüge langsamer und unflexibler als Lkw-Transporte, aber auch viel billiger und umweltfreundlicher. Durch entsprechende Steuernachlässe würden wahrscheinlich etliche Millionen Tonnen Fracht von der Straße auf Wasser und Schiene umdirigiert. Durch finanzielle Anreize ganze Wirtschaftszweige umzukrempeln, wird seit 1990 mit dem Stromeinspeisegesetz praktiziert. Der Energiewende-Ansatz wird jedoch von den Entscheidern beim Thema

Verkehr gemieden; vermutlich, weil sie ihn nur in ihren als Zweitbüros ausgestatteten Dienstfahrzeugen erleben. In Sachen Autofetischismus sind sie sich mit dem Wahlvolk einig: Auf die blechernen Trophäen und Ego-Krücken will niemand verzichten. Ihre Popularität befördert Corona noch. Zu Beginn der Pandemie zogen laut einer Umfrage 57 Prozent das Auto anderen Verkehrsmitteln vor; zehn Monate später sind es 74 Prozent.[49] Also werden weiter Abermillionen Menschen ein bis zwei Jahresgehälter dafür ausgeben, um täglich einen beträchtlichen Teil ihrer verfügbaren Zeit im Stau zu verbringen. Vielleicht dämmert dabei manchen, dass ihr Stillstand etwas mit dem des ganzen Landes zu tun haben könnte.

Mehr PS-Geprotze geht nicht: Werbung einer Panzerfahrschule in Mahlwinkel bei Tangermünde

Einheitsdenkmal der Schnitzschule Empfertshausen

Während ich durch das thüringisch-hessische Grenz-gebiet von Eisenach im Norden nach Hünfeld im Süden radele, erblicke ich am Straßenrand mehr-fach große braune Schilder. Auf einer Europakarte ist schematisch der Verlauf des ehemaligen Eisernen Vorhangs eingezeichnet, darunter steht etwa: «Hier waren Deutschland und Europa bis 24. März 1990 um 9 Uhr geteilt.» Dieser Satz unterscheidet sich nur im jeweiligen Datum – offenbar achten Bürgermeister oder Lokalhistoriker darauf, dass exakt der Tag angegeben wird, an dem an dieser Stelle die innerdeutschen Grenzanlagen abgebaut wurden.

Mehrfach begegne ich solchen Schildern, weil die historische Grenze zwischen Hessen und Thüringen sehr verschlungen verläuft, mit etlichen Ausstülpungen westlich und östlich der Werra und ihres Zuflusses Ulster. Als sie 1949 zur Grenze zwischen der Bundesrepublik und der DDR wurde, riegelte sie plötzlich viele Land-straßen ab und trennte zahlreiche nahe gelegene Dörfer voneinander. Vielleicht hat die deutsch-deutsche Grenze nirgends so viel menschliches Leid verursacht wie in dieser Gegend.

Jedenfalls kreuze ich auf meiner Route alle paar Kilometer den früheren Grenzverlauf. Wie zwischen Herleshausen und Wartha: Beide Ortsnamen waren vor 1990 sehr bekannt. Hier befand sich eine von nur vier Grenzübergangsstellen für den Transitverkehr zwischen der Bundesrepublik und Westberlin. Ab 1984 konnten Westdeutsche sie auf der Autobahn passieren;

zuvor mussten sie auf einer rumpeligen Landstraße den Grenzübergang überqueren. Für Ostdeutsche war er unzugänglich: «Der innere Grenzzaun verlief direkt neben und parallel zur Hauptstraße unseres Ortes», erzählt mir im Dorf Wartha ein älterer Herr: «Für die Volkspolizei war das sehr bequem. Hatte jemand was ausgefressen, mussten die Vopos nur an der Werrabrücke auf ihn warten. Er lief ihnen zwangläufig in die Arme, denn er konnte nirgendwohin fliehen.»

Bei Herleshausen verläuft die Landesgrenze zwischen Hessen und Thüringen im Flussbett der Werra. Südlich davon liegt das Dorf Lauchröden, dessen Einwohner das Ufer nicht betreten durften; die 1945 gesprengte Fußgängerbrücke wurde erst 1989 wieder aufgebaut. Daran erinnern eine Schautafel mit Amateurfotos vom Areal während der Abriegelung und die mannshohe Skulptur «Aus der Enge in die Weite». Eine stilisierte Figur quetscht sich aus dem Spalt zwischen zwei Betonplatten – Werktitel und Symbolsprache wirken auf mich etwas simpel.

Alle paar Kilometer treffe ich auf weitere Zeugnisse der Teilung, denn ich folge laut Schautafeln dem «Grenzwanderweg in der Wartburgregion». Ob und wo dieser Weg sich mit dem «Grünen Band Deutschland» überschneidet, einem 1400 Kilometer langen Naturschutz-Biotop auf dem ehemaligen Grenzstreifen, bleibt mir verborgen. Vor einem Rastplatz für Wanderer an der früheren Grenze beim Dorf Wenigentaft steht eine Sandstein-Gedenksäule mit der Inschrift «Nach 45 Jahren Trennung wiedervereint», gestiftet im April 1990 von den Gemeinden Rasdorf und Eiterfeld. 31 Jahre später hat sie schon reichlich Flechten angesetzt.

Kurz darauf lockt mich der Wegweiser «Mahn-, Gedenk- und Begegnungsstätte Point Alpha» auf eine schmale Asphaltstraße in den Wald. Die Straße steigt steil an, ich muss mein Rad schieben. Unversehens belehrt mich eine Schautafel am Wegesrand über so genannte Trichtersperren; sie sollten einen befürchteten Angriff der Warschauer-Pakt-Truppen aufhalten. Direkt vor mir ist ein fünf Meter tiefer Schacht in die Straße eingelassen. Im Ernstfall wäre er mit einer Tonne Sprengstoff gefüllt worden; dessen Explosion hätte einen rund 18 Meter tiefen Krater in die Straße gerissen. Der Schacht ist perfekt getarnt: mit einem gewöhnlichen Kanaldeckel. 1500 solcher Sprengschächte in Grenznähe gab es allein in Hessen; Installation und Wartung kosteten jährlich mehr als 50 Millionen D-Mark. Nur für Sprenglöcher im Boden – längst war mir entfallen, wie teuer der Kalte Krieg gewesen ist.

Auf einer Anhöhe steht, versteckt im Unterholz und halb zugewachsen, eine steinerne Stele. Sie erinnert «in Treue und Hoffnung» an das Pfingsttreffen 1980: Alljährlich zu Pfingsten versammelten sich westdeutsche Grenzlandbewohner vor den Grenzanlagen, um ihrer Nachbarn auf der ostdeutschen Seite zu gedenken – darunter oft auch Verwandte. Die schlichte Stele, die ein Dutzend Dorfnamen auflistet, rührt mich zu Tränen.

Ich hatte keine Angehörigen in der DDR, aber ich bin in Kassel im so genannten Zonenrandgebiet der Bundesrepublik aufgewachsen. Als Teenager machte ich mit Freunden Radausflüge in den Landstrich an der Grenze; dort schien die Zeit stehen geblieben zu sein. Wir staunten über Dörfer wie aus den 1950er Jahren und Sackgassen, auf deren Kanaldeckeln noch Reichsadler prangten. Der Anblick des DDR-Grenzzauns mit Stacheldraht und Beobachtungstürmen war uns ebenso vertraut wie Berichte über Republikflüchtlinge, Selbstschussanlagen und Todesopfer. Als wenige Wochen nach dem Mauerfall die Forderung nach Wiedervereinigung aufkam, erschien mir das völlig verständlich – anders als vielen Skeptikern im Westen und Süden der Bundesrepublik.

Die Waldstraße schlängelt sich über die Anhöhe. An einer Biegung steht die nächste Schautafel und erinnert an ein Gehöft auf thüringischem Gebiet, das 1954 geschleift wurde, weil es nur 20 Meter von der Grenze entfernt stand. Kurz zuvor war die dort lebende Familie in den Westen geflohen. Noch wenige Meter, dann bin ich an der «Mahn-, Gedenk- und Begegnungsstätte». Point Alpha – nicht zu verwechseln mit dem Checkpoint Alpha der Westalliierten am Autobahn-Grenzübergang Helmstedt/Marienborn – war einer von vier Beobachtungs-Stützpunkten der US-Armee am hessischen Abschnitt der innerdeutschen Grenze.

Vom Beobachtungsturm auf 411 Meter Höhe hat man freie Sicht auf das thüringische Städtchen Geisa samt Umland; die NATO nahm an, dass hier das Heer der Warschauer-Pakt-Staaten vor einer Invasion in die «Fulda Gap» genannte Region aufmarschiert wäre. Bei meiner Ankunft ist die Gedenkstätte zwar Corona-bedingt geschlossen, aber durch den Maschendrahtzaun gut einsehbar. Ein paar blaue Baracken und Militärfahrzeuge, davor ein etwa zehn Meter hoher Betonturm, sonst nichts. Stattdessen noch mehr Schautafeln, flach oder aufrecht, mit kleinen Schwarzweißfotos und langen Erklärtexten – wie in Geschichtsmuseen vor der Jahrtausendwende üblich. Alles betont sachlich und schmucklos.

Dem Gedenken dient ein Mahnmal aus zwei breiten Holzstelen auf niedrigem Betonsockel; die vordere ist gezackt und gespalten, die hintere heil. Die Widmungsplakette besagt: «Den Opfern der deutschen Teilung – den Mutigen der friedlichen Revolution von 1989 – den Erbauern der Wiedervereinigung». Ein Schild informiert: «Dieses Denkmal wurde entworfen und errichtet von Absolventen der Schnitzschule Empfertshausen am Berufsbildungszentrum Bad Salzungen und des Lehrbauhofs Bad Salzungen im Auftrag des Vereins Grenzmuseum Rhön »Point Alpha«. (...) Einweihung am 18. August 2000». Zu diesem Meisterstück führen sechs gepflasterte Stufen, daneben hängt eine Bundesfahne schlaff am Mast. Ich habe selten eine Kranzabwurfstelle gesehen, die derart verloren in der Gegend herumgestanden hätte.

Aber es gibt ja noch echte historische Zeugnisse: ungefähr 300 Meter original «Grenzsicherungsanlagen» der DDR. Engmaschige, rostige Gitter an Betonpfeilern, davor hochkant gestellte Betonplatten im Gras als Kfz-Sperre. Eine «Hundelaufanlage» besteht allen Ernstes aus einem Plastik-Schäferhund neben seiner Hütte; vom Kunststofftier blättert die Farbe ab. Gesäumt von etlichen weiteren Schautafeln in Deutsch und Englisch. Das ganze Ensemble überblickt ein Wachturm der DDR-Truppen, der nicht betretbar ist. Ebenso authentisch sind die löchrigen Betonplatten, auf denen früher NVA-Kübelwagen die Grenze entlang rollten. Sie führen zum

2003 errichteten «Haus an der Grenze», in dem die «Point-Alpha-Stiftung» eine Schau zum Grenzregime eingerichtet hat. Die beiden doppelstöckigen, leuchtend blau verkleideten Gebäude sehen von außen aus, wie ich mir skandinavische Ferienheime vorstelle.

Point Alpha ist nur einer von vielen Erinnerungsorten an die deutsche Teilung, und gewiss nicht der wichtigste. Doch er – samt allen anderen Tafeln, Stelen und Freiluft-Kunstwerken, auf die ich seit Wartha gestoßen bin – scheint mir pars pro toto symptomatisch für die Unfähigkeit der Deutschen, das Jahrhundertereignis der Wiedervereinigung angemessen zu würdigen. Ich weiß auch nicht genau, wie sich die Blockkonfrontation und ihre Überwindung am besten veranschaulichen lassen; aber sicher nicht mit verwitternden Plastikhunden.

Wer Gedenkstätten zur nationalen Geschichte in Großbritannien, Frankreich, Italien, Polen, Russland oder den USA besucht und dort erlebt hat, mit welcher Grandezza epochale Ereignisse vor Augen geführt werden, der kann über die Verdruckstheit hierzulande nur den Kopf schütteln. Auf allen Ebenen: Über das gesamtstaatliche «Freiheits- und Einheitsdenkmal», das auf der Berliner Schlossfreiheit entstehen soll, wird seit zwei Jahrzehnten ergebnislos gestritten; manche wünschen, es käme nie.

In der Provinz kümmern sich zahlreiche lokale Initiativen verdienstvoll darum, die Erinnerung lebendig zu halten – aber mit begrenzten Mitteln, also meist Schautafeln voller Schwarzweißfotos. Und wenn sie einmal die große Geste wagen und ein Denkmal für die ganze Nation in Auftrag geben, kommt so etwas wie das Meisterstück der Schnitzschule Empfertshausen heraus.

Nicht etwa, dass die Deutschen wenig Sinn für Historisches hätten. Im Gegenteil: Kaum eine andere Nation beschäftigt sich so emsig und akribisch mit den Windungen ihrer häufig fatalen Geschichte. Die Republik ist übersät mit akademischen Einrichtungen, die dickleibige Sammelbände veröffentlichen. Und das Bonner «Haus der Geschichte» oder das «Deutsche Historische Museum» in Berlin zeigen brillant durchdachte und inszenierte Dauerausstellungen – an Reflexion zum Thema mangelt es nicht. Aber Monumente, die auf mitreißende und ergreifende Weise patriotische Gefühle wecken, gibt es kaum. Kein Pathos, nirgends.

Die gesamte Symbolsprache des Nationalen wird Ultrakonservativen überlassen, wenn nicht gar dem rechten Rand – obwohl solche Kreise die letzten sind, die das Verdienst der Überwindung der deutschen Teilung für sich reklamieren dürfen. Doch im politischen Spektrum links der Mitte scheut man in falsch verstandener Vergangenheitsbewältigung vor allem zurück, was die Einheit der Deutschen emotional erfahrbar machen könnte: Fahne, Hymne, Orden und Auszeichnungen – selbst der Landesname Deutschland ist einigen suspekt. Nur bei Siegen der Fußball-Nationalmannschaft schwelgen alle im schwarzrotgoldenen Farbenrausch.

Wegen dieser Verkrampftheit wird etwas, das seit der frühen Neuzeit in Europa selbstverständlich ist, nämlich die Zugehörigkeit zur eigenen Nation, behandelt wie ein leicht peinlicher Anachronismus. Weil dem so ist, spricht man auch über die Corona-Pandemie nicht als das, was sie ist: die größte nationale Krise seit Ende des Zweiten Weltkriegs, die nur durch gemeinsame Anstrengung der ganzen Nation bewältigt werden kann. Stattdessen wird sie wie ein medizinisch-logistisches Problem dargestellt, das sich im Rahmen bundesrepublikanischer Routine in den Griff bekommen lässt. Hauptsache, die Bürger gehen weiter an die Arbeit, zahlen ihre Steuern und Sozialbeiträge, hören auf die Verlautbarungen der Experten und befolgen die Anweisungen der Obrigkeit. Deutsches Nationalbewusstsein mag weitgehend verkümmert sein – doch keineswegs der Allzuständigkeitswahn der deutschen Bürokratie.

Impuls-Segen gegen Halsschmerzen

Geschlossene Pforten des Himmels: Sämtliche protestantischen Gotteshäuser, an denen ich in Nord- und Mitteldeutschland vorbeiradele, sind zu – von der Dorfkirche bis zum Dom von Magdeburg. Allenfalls deutet schummrige Innenbeleuchtung an, dass hier dereinst wieder Gemeindeleben stattfinden wird, aber diese Verheißung erscheint so fern wie der Stern von Bethlehem. Es gibt zwar eine Art Not-Gottesdienst, aber meist nur einmal pro Woche am Sonntag um 10 Uhr irgendwo im Kirchenbezirk. Um Online-Anmeldung vorab wird «gebeten», heißt es auf der Website der Kirchengemeinde Havelberg: «Sie können auch für die Erfassung der Kontaktdaten schon Ihre Adresskarte zu Hause vorbereiten und am Einlass bereithalten.» Das klingt eher nach Behördengang.

Ich traue daher meinen Augen kaum, als ich die harmonisch gedrungene Barockfassade des Doms zu Fulda betrachte – und plötzlich die Seitentür geöffnet wird. Zwei Personen kommen heraus; normale Mitbürger, mitten am Werktag. Wenn sie raus können, dann darf ich hinein! Nach wenigen Schritten stehe ich in der prachtvollen Basilika. Ein halbes Dutzend Besucher geht gemessen durch die drei Kirchenschiffe oder sitzt auf den Bänken. Ob sie auf die Beichtgelegenheit um 15 Uhr warten? Sie ist in der 20-seitigen Gottesdienstordnung für Januar aufgeführt.

An jedem Tag werden in Fulda drei bis zehn Messen gefeiert und Rosenkränze gebetet; nicht nur im ehrwürdigen Dom, der Grabeskirche des heiligen Bonifatius. Andere Innenstadtkirchen halten zeitgemäße Formate für gestresste Großstädter bereit. Etwa: «Erfrischung um 5 vor 12: Musik. Impuls. Gebet. Segen. Deine 15 Minuten samstags in der Stadtpfarrkirche». Oder am selben Ort: «Ihr Hals schmerzt? Keine Panik. Wir haben da was. Die Corona-Situation steht dir bis zum Hals? Es schnürt dir die Kehle zu? Dann lass dir in genau diesen Situationen den Segen Gottes zusprechen. Blasius-Segen für Eilige – Impuls und Segen.» Zum *Blessing to go* schmeckt der *Coffee to go*, den ein Traditions-Café links neben dem Dom ausschenkt.

Zwar bitten auch die Fuldaer Kirchen angesichts knapper Plätze um vorherige Anmeldung. Doch am Reservierungsportal «mein-kirchplatz.de» beteiligen sich zehn Großgemeinden von Petersberg bis Nürnberg mit insgesamt 195 Gottesdiensten in den nächsten vier Wochen – da findet jeder ein freies Plätzchen. Älteren Gläubigen ohne Internet-Erfahrung wird zwei Mal monatlich im Dompfarrzentrum beim «Smartphone- und Computertreff für Senioren» geholfen: «Das Angebot ist kostenfrei, aber sicherlich nicht umsonst.» Für Familien mit Kindern ist dagegen der «Begehbare Gottesdienst»

126

in der Stadtpfarrkirche gedacht: An zehn Stationen werden durch Gebete, Kerzen und Gesänge zentrale Glaubensinhalte vermittelt. Dafür muss der Nachwuchs nur Stifte und Smartphones mit QR-Code-Reader mitbringen, um Lieder einzuscannen und mitzusummen. Die Schnitzeljagd-Messe zum Selbermachen scheint beliebt zu sein: Am frühen Nachmittag sind immerhin fünf Familien im Kirchenschiff unterwegs.

Auch in Würzburg sind all diejenigen Kirchen ganztägig geöffnet, in denen einer von täglich drei bis vier Gottesdiensten abgehalten wird, erzählt mir Herr Wolf, Aufseher im Kiliansdom: Kapazitätsprobleme gäbe es nicht. Im dreischiffigen romanischen Dom, der mehr als 100 Meter lang und 50 Meter breit ist, seien 200 Besucher zugelassen – so viele kämen ohnehin nicht zu gewöhnlichen Messen. Nachdem ich mir ausgiebig die eindrucksvolle Ausstattung samt Krypta und gotischem Kreuzgang angesehen habe, schickt mich Herr Wolf in die barocke Neumünsterkirche gegenüber. Hier beginnt in wenigen Minuten eine Messfeier.

Als ich eintrete, warten knapp 20 Gläubige auf je einer Kirchenbank, bei weiten Abständen voneinander. Vorne links eine dunkelhäutige Frau in Gebetshaltung, hinter ihr meist Rentner beiderlei Geschlechts, aber auch jüngere Leute. Mehrere haben südeuropäische Züge, ein junger Mann mit Nickelbrille sieht slawisch aus – ein Querschnitt durch die Multikulti-Bundesrepublik. Der Küster läutet, der Pfarrer und zwei Messdiener kommen herein; sie beginnen mit der Liturgie. Ich gehe leise hinaus, um nicht zu stören.

Dagegen bin ich in der Pfarrkirche des badischen Dorfes Riegel am Kaiserstuhl mutterseelenallein.

Ihre elegante Barockfassade hat mich angelockt. Am Eingang liegen «Sternsinger-Spendentüten» aus: Der herkömmliche Brauch, dass kostümierte Kinder von Haus zu Haus ziehen und Spenden für das Kindermissionswerk erbitten, fällt in diesem Jahr aus. Also basteln die Kinder kleine Papiertüten. Sie enthalten ein Überweisungsformular und einen «geweihten Segenstüraufkleber» mit der traditionellen Segensbitte «20*C+M+B+21».

Die Formel steht traditionell für die Jahreszahl und die Initialen der Heiligen Drei Könige Caspar, Melchior, Balthasar; seit den 1950er Jahren wird sie auch als Abkürzung der lateinischen Worte «Christus mansionem benedicat» gedeutet, also «Christus segne dieses Haus». Sie prangt in Kreideschrift über vielen Türen in dieser Gegend. Eifrige Knirpse dürfen sich am Ständer «Kirche im Kleinen» des Bonifatiuswerks bedienen. Es verschenkt Infohefte zu zwölf Glaubensfragen: von Taufe und Firmung über «Feste des Kirchenjahres» bis zu «Begegnung mit Muslimen».

All diese Angebote wären an sich nur Belege für eine rege Gemeindearbeit. Doch die Pandemie wertet sie enorm auf. Zurzeit sind Kirchen nahezu die einzigen kulturellen Einrichtungen im weiteren Sinne, die man betreten darf – schließlich leitet sich der Begriff Kultur vom religiösen Kultus ab. Der Geistlichkeit ist es gelungen, Gotteshäuser als Orte der lebenswichtigen Grundversorgung zu deklarieren. Sie sind wie Supermärkte, Apotheken und Kfz-Werkstätten vom Lockdown ausgenommen. Man mag davon halten, was man will. Doch die katholische Kirche macht das Beste daraus: Unter Einhaltung aller Hygieneregeln reizt sie den Spielraum des medizinisch Verantwortbaren maximal aus. Da die Schar der Kirchgänger überschaubar geworden ist, soll sie sich wenigstens an gewohnten Riten erbauen dürfen.

Warum sind die Katholiken so rührig und die Protestanten so verzagt? Die Frage berührt das Selbstverständnis beider Konfessionen. Protestanten sollen ihren Glauben vor allem innerlich pflegen. Bibellektüre und Zwiesprache mit Gott lassen sich auch zuhause praktizieren. Außerdem sind ihre Landeskirchen darin geübt, sich der staatlichen Obrigkeit zu fügen. Anders die Katholiken: Sie lieferten sich noch in den 1870/80er Jahren einen heftigen Kulturkampf mit der Reichsregierung unter Otto von Bismarck.

Seit jeher betrachtet sich die katholische Kirche als einzigartige Institution, die keiner säkularen Gewalt untertan ist; ihre Rivalität mit weltlichen Herrschern hat Europas Geschichte seit der Spätantike geprägt. Zugleich stellte das Netzwerk ihrer Einrichtungen vom Mittelalter bis zur Moderne das einzige System der Sozialfürsorge dar. Im Lauf vieler Jahrhunderte hat die Kirche ausgefeilte Prozeduren für den Umgang mit Kranken, Gebrechlichen und anderen Hilfsbedürftigen entwickelt; vor allem während Pestwellen und anderen periodisch ausbrechenden Seuchen. Auf diesen immensen institutionellen Erfahrungsschatz kann die katholische Kirche nun zurückgreifen, als läge gleichsam ein Pandemie-Masterplan in den Verliesen des Vatikan.

Da der zeitgenössische Sozialstaat die medizinische Versorgung übernimmt, kümmert sie sich um die seelsorgerische Betreuung der Bevölkerung. Obwohl ich konfessionslos bin, weiß ich das zu schätzen. Die Schwarzkittel tun was! Sie warten nicht ab, bis eine behäbige Bürokratie irgendwann genug Ressourcen herbeischafft, um die Krankheit einzudämmen und ihre Folgen zu bewältigen. Vielmehr mobilisiert der Klerus seine Kapazitäten, um während der Krise aufgewühlte Gemüter zu beruhigen, Trost zu spenden, Geduld und Zuversicht zu predigen. Und sei es nur 15 Minuten lang: Wenn ein «Impuls-Segen» als hilfreich empfunden wird, ist das besser als nichts.

Gegen Wasser bis zum Hals: Segensreiches Angebot der katholischen Kirche in Fulda

Illegaler Auslandsaufenthalt

Drei Wochen bin ich mittlerweile unterwegs. Von Karlsruhe aus radele ich die Oberrheinische Tiefebene entlang. An der Rheinbrücke von Gambsheim mache ich einen Abstecher zum Fluss, überquere seine drei Arme und fahre kurz auf französisches Staatsgebiet, um einen Blick auf die mächtige Schleuse zu werfen. Graubraune Wassermassen stürzen donnernd und tobend durch die Schleusenkammern; auf seiner ganzen Breite ist der Fluss schäumend aufgewühlt wie bei einem Sturm. Jetzt, Ende Januar, führt der Rhein so viel Hochwasser wie seit Jahren nicht.

Der Radweg gen Süden folgt genau dem Flussverlauf; am gegenüber liegenden Ufer ist Frankreich stets in Sichtweite. Was jahrzehntelang banale Routine war, die Reise in einen anderen Schengen-Staat, wird im Lockdown zum gewagten Abenteuer. Als ich zur Übernachtung in Kehl ankomme, bin ich dennoch entschlossen: Morgen gönne ich mir einen Ausflug nach Straßburg. Das ist streng genommen illegal. Seit dem Vorabend dürfen nur noch Ausländer einreisen, die einen aktuellen PCR-Test vorweisen können. Ausgenommen sind aber alle Pendler, die in Grenzgebieten arbeiten; im deutsch-französischen rund 46.000 Personen.[50] Falls nötig, will ich mich als einer von ihnen ausgeben.

So bin ich leicht nervös, als ich am Sonntagvormittag den Rhein ansteuere. Die von Kriegszerstörung und Wiederaufbau zerpflückte Innenstadt von Kehl macht mir die Weiterfahrt leicht: kaum Menschen auf den Straßen, alle Geschäfte sind geschlossen. Bis auf ein halbes Dutzend schäbiger Tabakläden: Weil Zigaretten in Deutschland preiswerter als in Frankreich sind, kaufen

Grenzgänger sie stangenweise ein. Hier befindet sich quasi das rheinische Pendant zu den polnischen Märkten an der Oder, auf denen sich Ostdeutsche mit günstigen Tabakwaren, Schnaps und Benzin eindecken.

Hinter dem Bahnhof und einem Revier der Bundespolizei, vor dem mehrere Dienstautos parken, erreiche ich den Fluss. Den überquere ich nicht auf der berühmten, aber hässlichen Europabrücke von 1960, sondern auf der benachbarten Beatus-Rhenanus-Brücke; sie ist nach einem 1547 in Straßburg gestorbenen Humanisten benannt. Seit 2017 überspannt diese Brücke den Flusslauf mit zwei weißen, eleganten Bögen und den Schienen der grenzüberschreitenden Straßenbahn, die beide Städte miteinander verbindet – erstmals seit 1920. Auf dem breiten Seitenstreifen daneben rolle ich als einziger Radler ans Westufer. Doch meine Befürchtungen sind unbegründet: Auf der französischen Seite ist von Ordnungshütern nichts zu sehen. Als erstes bemerke ich ein paar Teenies, die auf einem Bolzplatz fröhlich kicken – 200 Meter weiter östlich in Deutschland wäre ihnen das streng verboten.

Durch das Hafengebiet und ein Büroviertel komme ich zügig ins historische Zentrum von Straßburg. Das Münster wird erst zur Messe um 14 Uhr aufgeschlossen, erfahre ich im Dom-Shop – der aber den ganzen Tag lang Devotionalien feilbietet. Auch in den Gassen um die Kathedrale sind einige Geschäfte offen; nicht nur Bäckereien und Cafés, die etwa Crêpes auf die Hand anbieten. Ein Restaurant verkauft elsässische Spezialitäten wie Flammkuchen, Baeckeoffe (ein Kartoffel-Lauch-Fleisch-Eintopf) und *choucroute garnie* (Sauerkraut mit Würstchen) außer Haus. Vor dem Eingang warten geduldig fünf Kunden, in gebührendem Abstand voneinander.

In einer Boutique räumt die Besitzerin Kleiderständer um. Ihr kleiner Laden sei nur wegen eines Ausverkaufs ausnahmsweise am Sonntag geöffnet, erklärt sie mir, doch «werktags sind alle Geschäfte offen». Zumindest der Einzelhandel in der Innenstadt; Megastores mit mehr als 20.000 Quadratmetern Verkaufsfläche müssen ab diesem Wochenende schließen. In einem Feinkostladen mit dem reizend umständlichen Namen «Mon Oncle Malker de Munster» decke ich mich mit elsässischen Spezialitäten als Proviant für Picknicks ein: einem *saucisson sec* aus Wildschweinfleisch, einer kleinen Quiche und dem berühmten Munster-Weichkäse, der viel besser schmeckt als er riecht. Ihr Umsatz sei höher als sonst, weil die Leute zurzeit gerne gut äßen, erzählt mir die Verkäuferin: Sie verlasse das Ladenlokal jeden Abend erst nach der Sperrstunde, die bereits um 18 Uhr beginnt, sei aber auf ihrem Heimweg bislang noch nie von der Polizei angehalten worden.

In der weitläufigen Fußgängerzone sehe ich keinen Polizisten. Stattdessen diverse Freiluft-Stände, die unter großen Schirmen alles Mögliche verhökern. Von echtem Trödel über Haushaltswaren, gebrauchten Schallplatten und billiger Mode bis zu Uhren und Taschen *made in China*. Auf der Place Kléber, dem größten Platz im Stadtzentrum, drehen Jungs auf Mountain Bikes ihre Runden; gegenüber hören rauchende Teenager Alternative-Rock aus Bluetooth-Boxen und prosten den Obdachlosen zu, die sich hier gleichfalls herumtreiben. Mit einem Wort: ganz normales städtisches Treiben – für mich ein lang vermisster Anblick.

Wobei es keinesfalls leichtfertig zugeht: Die Suppe, die ich mir in einer Snack-Bar hole, muss ich auf der Straße löffeln. Im gesamten Stadtgebiet herrscht Maskenpflicht, die auch eingehalten wird – außer von den Teenagern und Obdachlosen. Doch das hält etliche

Leute nicht davon ab, in kleinen Gruppen durch die Straßen zu bummeln und sich angeregt zu unterhalten. Lässige Leichtigkeit liegt in der Sonntagsluft. Der Wille ist spürbar, sich von den Corona-Auflagen die Lebensfreude nicht nehmen zu lassen – ein sympathischer Kontrast zur gähnenden Leere in vielen deutschen Stadtzentren.

Diese Mentalität symbolisiert ein Litfasssäulen-Plakat vom Herbst 2020. Darauf bewirbt eine Kleinkunstbühne ihr «FAK – Festival Anti Kovid» mit dem Foto eines gereckten Mittelfingers samt Engelsflügelchen, Punktaugen und Mini-Maske; das erinnert an eine Fingerpuppe mit der traditionellen Trachtenhaube einer Elsässerin. Inzwischen freut sich dieses Theater auf seiner Website, «spätestens 2032 wieder vor Publikum spielen» zu dürfen. Nähere Auskünfte möge man bei Kulturministerin Roselyne Bachelot einholen.[51]

Geradezu beschwingt und gelöst trete ich die Rück-fahrt an; den halben Tag in Straßburg empfinde ich als die schönsten Stunden meiner Reise. «Weil unsere *flics* entspannter sind», scherzt Arlette Michelon; ich lerne die Französin wenig später an einem Aussichtspunkt auf der deutschen Rheinseite kennen. Sie wohnt seit 20 Jahren in der Bundesrepublik, pendelt oft nach Frankreich, wechselt bei jedem Halbsatz von der einen Sprache in die andere und plaudert so scharfzüngig wie geistreich über die Unterschiede zwischen beiden Ländern.

Trotz aller Hiobsbotschaften und Einschrän-kungen wie Sperrstunde und Maskenpflicht nähmen Franzosen die Pandemie nicht so schwer, sagt sie: Weder in den Medien noch bei privaten Gesprächen sei Corona ständig Thema Nummer Eins. Leichtfertig seien ihre Landsleute aber auch nicht; dafür sorgten schon die hohen Geldbußen bei Verstößen. Arlette weiß zu berichten, dass Freunde von ihr, die nach einem illegalen Auslands-Kurztrip an der Grenze zu Spanien erwischt wurden, 600 Euro Strafe zahlen mussten.

Was belegt: Wenn die Pariser Regierung es für nötig hält, setzt sie Regeln rigoros durch. Überall in Frankreich gleichermaßen – das ist der Vorteil des Zentralismus. Seit dem Spätsommer 2020 läuft an französischen Schulen der reguläre Lehrbetrieb. Damit sie nicht zu Virenschleudern mutieren, werden alle Schüler obligatorisch zwei Mal pro Woche getestet. Solche Schnelltests kann auch jedermann seit Oktober gratis in jeder Apotheke machen lassen. Allein im Dezember wurden 2,3 Millionen Tests durchgeführt. Die Kosten in Höhe von 78 Millionen Euro übernimmt die Krankenkasse.[52] Die französische Melange aus Laissez-faire und Strenge wirkt auf mich wesentlich sinnvoller als das deutsche Kuddelmuddel aus vorgeblich technokratischer Rationalität und De-facto-Durchwursteln. Warum diese Differenzen?

«Frankreich ist im Krieg», verkündete Präsident Emmanuel Macron bei Beginn der Corona-Pandemie. Für solches Pathos ist eine Nation durchaus empfänglich, die ihre letzten Kolonialkriege erst vor 60 Jahren beendet hat und deren Truppen auch danach öfter militärisch interveniert haben, vor allem in Afrika – bis heute. Viele Franzosen haben Ausnahmezustände persönlich erlebt – etwa bei revolutionsromantischen Protesten, die alle paar Jahre im Land ausbrechen, zuletzt Ende 2018 mit der Gelbwesten-Bewegung. Sie wissen aus eigener Erfahrung, was Notstand bedeutet: handfeste Einschränkungen und zugleich das Bestreben, deren Folgen im Alltag erträglich zu machen. Man lebt nur einmal.

In der Bundesrepublik kann sich keiner mehr vorstellen, dass der Regierungschef den Kriegszustand ausruft. Unter dem Schutz von US-Atomschirm und NATO-Hauptquartier haben es sich die Deutschen 70 Jahre lang gemütlich gemacht. Die Bundeswehr kann in der Fremde Schutzzonen bewachen und Schulen bauen, aber zu regulärer Kriegführung ist sie kaum in der Lage; sie verfügt nicht einmal über bewaffnete Kampfdrohnen.

Außen- wie innenpolitische Konflikte lösen die Deutschen am liebsten mit der Geld-Gießkanne. Reicht das nicht aus, werden Kommissionen gebildet, die sorgfältig Aktionspläne ausarbeiten, die dann ordnungsgemäß mit allen zuständigen Behörden abgestimmt werden. Diese detailverliebte Konsensorientierung ist nützlich, um den Koalitions- oder sozialen Frieden aufrechtzuerhalten – und völlig ungeeignet, um rasch zu reagieren. Zudem verleitet sie die Bevölkerung zum Fehlglauben, es könne nichts passieren, was sich nicht mit dem altbewährten Trippelschritte-Marathon in den Griff bekommen ließe. Bis eine Seuche ausbricht: Dann verfallen alle in hyperventilierende Schreckstarre.

Dem Philosophen und Erfinder des Kritischen Rationalismus Karl Popper wird das Bonmot zugeschrieben, in der Politik sei die entscheidende Frage nicht, wie man eine Regierung bekommt, sondern, wie man sie wieder los wird. Das Gleiche trifft auf eine Pandemie zu: in Frankreich mit souveränem Pragmatismus, in Deutschland mit verkrampfter Prinzipienreiterei.

*Im Zeichen des Mittelfingers: Plakat für das «Festival
Anti-Kovid» im Théâtre de la Choucrouterie von
Straßburg*

Grenzwandern unter der Autobahn

Zum Ausgangspunkt meiner Radreise zu kommen, war leicht: Ich kaufte eine Fahrkarte am Berliner Hauptbahnhof, stieg in den Zug und fuhr nach Sassnitz. Am Ende meiner Tour nach Berlin zurückzukehren, erweist sich als ungleich schwieriger – was nicht am Lockdown liegt. Zwar darf man seit 2017 Fahrräder auch in manchen IC und ICE mitnehmen. Ich muss also nicht 800 Kilometer in Bummelzügen zubringen. Doch die Fahrradkarte und die obligatorische Stellplatz-Reservierung sind nicht an Fahrschein-Automaten erhältlich, sondern nur online oder am Schalter. Da solche Stellplätze knapp sind, will ich meinen sicherheitshalber schon am Vortag meiner Rückreise buchen.

Da ich keinen Computer mitführe, kann ich das nicht online machen. Also bleibt nur der Kauf am guten alten Fahrkartenschalter, von der Bahn inzwischen «stationäre Verkaufsstelle» genannt. Rund um den Kaiserstuhl, wo ich mich gerade befinde, wimmelt es zwar von kleinen Bahnhöfen, aber fast alle sind nur noch mit Automaten ausgestattet – Personal ist der Bahn zu teuer. Den nächsten Bahnhof mit lebenden Menschen mache ich mithilfe des «Verkaufsstellenfinders» auf der Bahn-Website ausfindig: in Bad Krozingen, 32 Kilometer entfernt und bis 18 Uhr geöffnet. Nichts wie hin; ich komme gegen halb sechs Uhr dort an.

Am Schalter begrüßt mich eine ältere Frau säuerlich lächelnd und erkennbar genervt, dass so kurz vor Feierabend noch Kundschaft anrückt. Wegen einer erkrankten Kollegin sei sie seit zehn Stunden im Dienst, inklusive einstündiger Mittagspause, erzählt sie mir zur Begrüßung. Anstatt einen Arbeitsrechts-Anwalt zu empfehlen, drücke ich ihr wortreich mein Mitgefühl aus; ich würde sie mit meinem Anliegen nur behelligen, weil ich sonst keinen Rad-Stellplatz reservieren könne. Verständnisvoll beginnt sie an ihrem PC mit der Buchung.

Beim ersten Anlauf verklickt sie sich und bricht ab; beim zweiten ebenfalls. Erst beim dritten Versuch gelingt es ihr, mir einen Fahrschein, eine Fahrradkarte und die Reservierung auszustellen. Die gesamte Operation dauert 20 Minuten. Mit ihrem Arbeitstempo kann die Angestellte also pro Stunde drei Kartenkäufer wie mich abfertigen. Gottlob taucht in der Zwischenzeit kein weiterer Kunde auf; er hätte bei der Ärmsten wohl eine Nervenkrise ausgelöst. Zum Abschluss verabschiedet sie mich für immer: Am Jahresende werde ihr Arbeitsplatz abgebaut und der Schalter geschlossen. Was dann?

Sie deutet auf Monitor-Konsolen nebenan, dort flimmert das neue «Video-Reisezentrum». Auf Knopfdruck wird man mit Callcenter-Mitarbeitern irgendwo in Deutschland verbunden, die via Bildschirm das Anliegen entgegennehmen und bearbeiten. Zwölf Stunden täglich, ohne Mittagspause. Für alle Bahnfahrer, die zu hilflos sind, Automaten selbst zu bedienen – oder so eigensinnig, unbedingt Fahrräder mitnehmen zu wollen. Abermals bin ich vom DB-Kundenservice hellauf begeistert.

In einem Punkt kann mir die aufopferungsvolle Dame jedoch nicht helfen. Mein Zug fährt laut Fahrplan in «Basel Badischer Bahnhof» ab – ob ich zurzeit dorthin radeln dürfe? Das könne sie mir nicht sagen, entgegnet sie; ich solle im Internet nachsehen. Dafür reicht mein Smartphone aus: Der Bahnhof liegt auf Schweizer

Territorium, etwa drei Kilometer hinter der Grenze, wird aber von der Deutschen Bahn betrieben.

Dieses Kuriosum geht auf einen Staatsvertrag von 1852 zurück, den das damalige Großherzogtum Baden und die Eidgenossenschaft «betreffend die Weiterführung der badischen Eisenbahnen über schweizerisches Gebiet» abschlossen. Er gilt bis heute; ein damals vereinbartes Rückkaufsrecht wurde von der Schweiz nie ausgeübt, obwohl man den Bahnhof 1913 an den Stadtrand von Basel verlegte. Ob und wie ich während des Lockdowns hinkommen kann, finde ich nicht heraus. Also auf ins Ungewisse.

Mein letzter Übernachtungsort Bad Bellingen ist auch ein Opfer deutscher Verkehrsplanung. Das Kurstädtchen könnte mit seiner idyllischen Lage am Oberrhein punkten, wäre es von ihm nicht durch die Autobahn A5 abgeschnitten. Sie verläuft parallel zum Flussufer. Tag und Nacht hören Kurgäste das Dröhnen der Motoren – das dürfte den Andrang überschaubar halten. Glücklicherweise befindet sich der Radweg auf dem schmalen Landstreifen zwischen der Schnellstraße und dem Flusslauf. Zwei Stunden lang sehe ich zu meiner Rechten überflutete Auen und Wellen, auf denen fortgespülte Äste tanzen, aber kein einziges Boot. Auf dem reißenden Strom ist die Schifffahrt eingestellt.

Als ich das Ortseingangsschild von Weil am Rhein erreiche, der letzten Gemeinde auf deutschem Boden, werde ich etwas wehmütig. Nun endet meine Deutschland-Durchquerung. Doch ich habe keine Zeit, mich sentimentalen Empfindungen hinzugeben. Wer weiß, was mich auf den letzten Kilometern bis zum Bahnhof im Ausland noch erwartet? Der Radweg knickt ab und wird unter die aufgeständerte Fahrbahn der A5 gelenkt, mitten durch einen mit Müll gesprenkelten Parkplatz. An dessen Ende empfängt mich ein mickriges Schild: «Landesgrenze» steht über zwei kleinen Abbildungen der schweizerischen und der deutschen Fahne. Diverse Graffiti und halb abgerissene Aufkleber verunzieren das Schild. Schäbiger geht es kaum.

Daneben verkündet ein weiteres Schild: «Grenzüberschreitender Wanderweg – Fuß- und Radwanderern ist der Grenzübertritt bei Tag gestattet – Gültige Grenzübertrittspapiere sind mitzuführen – Visumpflichtigen Personen ist der Grenzübertritt nicht erlaubt – Das Mitführen von abgabenpflichtigen Waren und Motorfahrzeugen ist nicht gestattet». Die erschöpfende Auskunft stellt klar: Diese Asphalt-Piste zwischen parkenden Pkw und Abfall unter der lärmenden Autobahn wird als Wanderweg eingestuft – das hätte ich den alpenverwöhnten Schweizern nicht zugetraut.

Direkt dahinter fahre ich in einem Mini-Tunnel unter einer Eisenbahn-Trasse hindurch. Keine 50 Meter weiter hält mich eine Streife der «Grenzkontrollwacht» an. Zwei freundliche Herren fragen mich auf Schwyzerdütsch, das ich wegen ihrer Masken kaum verstehe, woher ich komme und wohin ich wolle. Ich zeige ihnen meine Bahntickets und erkläre ihnen, warum ich dreieinhalb Wochen lang von Rügen bis hierher geradelt bin. Dann wollen sie überprüfen, ob ich in meinen Satteltaschen «abgabenpflichtige Waren» mitführe, doch nach flüchtigen Blicken auf schmutzige T-Shirts und Socken lassen sie rasch davon ab. Ich darf passieren. Durch das Messeviertel voller nichtssagender Bürotürme gelange ich zum Bahnhof. Seine wuchtige Sandsteinfassade mit Figurenschmuck und hohem Turm wirkt angesichts all der Stahlglas-Skelette ringsherum anheimelnd altmodisch.

Meine zehnstündige Rückfahrt mit zweimaligem Umsteigen und Aufenthalt in München, wo ich Freunde besuche, verläuft geradezu verdächtig frei von Zwischenfällen. Nur leichte Schmerzen in den Schultern und Frösteln wie bei einer aufkommenden Erkältung erinnern mich daran, dass ich mir eine lange Tour de Force bei harscher Witterung zugemutet habe. Während der Fahrt fühlte ich mich nie unwohl – mein Körper war offenbar völlig damit beschäftigt, sie durchzustehen. Nun, in komfortablen und gut geheizten Großraumabteilen, bemerke ich an mir Anzeichen gründlicher Erschöpfung.

Dagegen hält sich die Zugverspätung mit insgesamt nur einer halben Stunde in Grenzen. Offenbar profitiere ich davon, dass wegen Corona wenige Fahrgäste unterwegs sind – nicht mehr, als die Bahn problemlos befördern kann. Und kaum jemand reist mit Fahrrad: Im ICE 4 von München nach Berlin sind zwei der 16 verfügbaren Stellplätze belegt. Warum im modernsten DB-Zug mit mehr als 800 Sitzplätzen die Transportkapazität für Räder so winzig ausfalle, will ich vom Schaffner wissen. Er antwortet freimütig: Diese Stellplätze seien nur installiert worden, um eine EU-Vorschrift zu befolgen – stattdessen würde die Bahn lieber mehr Sitzplätze einbauen. Wenn alles gut geht, wird die Bundesrepublik Ende 2021 die Corona-Pandemie überwunden haben – aber ihre Fahrrad-Feindlichkeit noch lange nicht.

*Hier ist Deutschland am Ende: «Landesgrenze»-
Schild zwischen Weil am Rhein und Basel auf dem
«Grenzwanderweg» unter der A5*

Epilog: Wohlfühlrepublik der Langweiler

Warum so schwerfällig? Warum erweist sich die viertgrößte Industrienation der Welt als unfähig, die Corona-Pandemie halbwegs rasch und effizient zu bewältigen? Diese Frage wird noch etliche Experten-kommissionen und Forschungsinstitute lange beschäftigen. Einige Puzzleteile zu ihrer Beantwortung konnte ich bei meiner Deutschland-Durchquerung zusammen-tragen.

Zunächst: Ob man diesen Verlauf als Versagen brandmarkt oder nicht, ist Ansichtssache. In einem Land, das immer ganz vorne dran sein will, um den Zusammenbruch 1945 vergessen zu machen, sind viele mit dem Vorwurf des Versagens schnell bei der Hand. Doch ein Jahr nach Ausbruch der Pandemie zeigt die internationale Bestandsaufnahme: Manche Staaten ha-ben sie wesentlich wirksamer bekämpft, andere nicht. Das gilt auch für die *peer group*, mit der die Bundes-republik sich üblicherweise vergleicht, also die westlichen Industrienationen.

Zudem: Wenn überhaupt von Versagen die Rede sein kann, dann nicht allein von dem der Politik oder der Verwaltung, sondern von dem der gesamten Bevölkerung. Das liegt am egalitären Charakter des Virus: Theoretisch kann sich jeder anstecken, schwer erkranken und daran sterben – auch wenn manche Personen wesentlich gefährdeter sind als andere. Wie die Pandemie tatsächlich verläuft, hängt daher – ähnlich wie Wahlergebnisse – vom konkreten Verhalten jedes Einzelnen ab. Zumindest in offenen Gesellschaften, deren Staatsorgane die Bürger nicht mit Waffengewalt wegsperren, isolieren oder schurigeln können. Demokratisch gewählte Exekutiven sind auf die Zustimmung einer Mehrheit der Regierten angewiesen, um etwas durchzusetzen: von der Straßenverkehrsordnung bis zum Lockdown. Dass Infektionsraten räumlich und zeitlich stark schwanken, obwohl überall ähnliche Vorschriften gelten, ist leicht erklärbar: Je weniger sie den Bürgern sinnvoll und zweckmäßig erscheinen, desto seltener werden sie befolgt – vor allem da, wo es aus gutem Grund niemand überprüfen kann, nämlich in der Privatsphäre.

Deshalb weisen häufig periphere, spärlich besiedelte Regionen den statistisch höchsten Krankenstand auf: nicht trotz, sondern gerade wegen ihrer geringen Bevölkerungsdichte. Die wenigen Bewohner kennen sich häufig und sind miteinander vertraut; daher fehlt ihnen der instinktive Impuls, Mitmenschen als potentielle Gefahr zu betrachten. Also werden kaum Masken getragen und Mindestabstände beachtet; schleppt jemand in solche Milieus das Virus ein, macht es rasch die Runde.

Diese Sorglosigkeit sollte man nicht mit einer «Ohne Mich»-Haltung verwechseln, die es egoistisch den Anderen überlässt, das Nötige zu tun. Solch eine innere Emigration würde sich in Skepsis und Distanz zum offiziellen Kurs ausdrücken, doch das Gegenteil ist der Fall. Nach allen Pleiten, Pech und Pannen in einem Jahr Pandemie billigt immer noch rund die Hälfte der Bevölkerung im Frühjahr 2021 das Regierungshandeln. Das mag angesichts zahlreicher massiver Eingriffe in ihre Grundrechte erstaunen, wird aber bei näherem Hinsehen durchaus verständlich.

Corona – ein Minderheiten-Problem

Viele Deutsche – wahrscheinlich die Mehrheit der Bevölkerung – werden im Alltag von den Corona-Maßnahmen kaum nennenswert eingeschränkt. Sie arbeiten gar nicht oder ohnehin zuhause oder an einem Arbeitsplatz, an dem sich Hygieneregeln leicht einhalten lassen. Hin und zurück fahren sie mit dem eigenen Auto; zuhause leben sie allein oder im engen Kreis der Familie. Ihre liebste Freizeitbeschäftigung ist Fernsehen: im Durchschnitt täglich mehr als dreieinhalb Stunden, bei den über 50-Jährigen sogar mehr als fünf Stunden.[53] Trotz des Lockdowns können sie noch in Maßen Verwandte und Freunde treffen; Masken tragen sie nur gelegentlich beim Einkaufen oder bei Erledigungen. Falls sie sozial aktiver sind, müssen sie auf geselliges Beisammensein in Sportvereinen oder auf Schützenfesten verzichten, doch das lässt sich ein paar Wochen oder Monate lang ertragen. Der einzige Aspekt ihrer gewohnten Lebensführung, den die Seuche spürbar beeinträchtigt, ist ihr Urlaub. Daher wird die Frage, ob Zehntausende nach Mallorca in die Sonne fliegen dürfen, von der halben Nation diskutiert.

Corona ist also ein Problem von Minderheiten. Von einzelnen Berufsgruppen wie Einzelhändlern, Gastronomen und Messebauern; von Familien mit schulpflichtigen Kindern sowie Jüngeren und Groß-städtern, die gern ausgehen und sich unter ihresgleichen mischen: in Lokalen, Konzerten, Kinos, Museen und Theatern. Für diese Menschen stellt der Lockdown einen mehr oder weniger harten Einschnitt dar. Bei man-chen bedroht er die ganze Existenz, bei anderen nur den Lebensstil. In jedem Fall ist der Phantomschmerz heftig genug, um ihn wortreich zu beklagen, was von den Massenmedien bereitwillig verstärkt wird. Das nützt den Betroffenen wenig, weil die auf Pandemie-Eindämmung erpichte Mehrheit den Kurs der Regierung mitträgt, so dass diese ihn nicht verändern muss. Die Corona-Krise löst einen eigenartigen *culture clash* aus: Die Interessen von urbanen und ländlichen Räumen, die sonst kaum miteinander zu tun haben, prallen aufeinander. Und das Land behält die Oberhand.

Diese Konstellation erhellt einen bemerkenswerten Sachverhalt: Wenn kollektiver Gesundheitsschutz von den politisch Verantwortlichen gegen andere Belange – Kinderbetreuung, Ausbildung, einzelne Wirtschaftszweige oder allgemeine Bewegungsfreiheit – abgewogen wird, siegt meist der Gesundheitsschutz: als Grundrecht mit Verfassungsrang eingestuft, wird er zum Totschlagsargument bei allen Kollateralschäden. Dagegen können Querdenker-Demos, Autokorsos und Feuilleton-Pamphlete nichts ausrichten; zumal die am meisten betroffenen Branchen Einzelhandel, Gastronomie und Veranstalter weniger als zehn Prozent zum Bruttoinlandsprodukt beitragen.[54]

Europas borniert Ignoranz

Das Übergewicht der Interessen von Dorf- und Kleinstadtbewohnern begründet aber nicht, warum der von der Regierung verfolgte Kurs beim Gesundheitsschutz so vorbehaltlos akzeptiert wird – obwohl ihr Handeln halbherzig und widersprüchlich wirkt. Zwar murren viele über die Technokraten-Herrschaft einer kleinen Schar von Virologen und ihrer Institutionen, doch niemand unternimmt es, plausible Gegenentwürfe zu formulieren.

Auch die Oppositionsparteien im Bundestag begnügen sich lange mit folgenlos polemischen Widerworten; erst im Frühjahr 2021 entwickeln sie eigene Konzepte oder gehen mit Klagen gegen die «Bundesnotbremse» vor.

Dabei mangelt es nicht an alternativen Ansätzen. Alle Staaten der Erde ringen zurzeit mit der Seuche; manche haben sie erfolgreich niedergerungen. Wie ihnen das gelang, ist kein Geheimwissen: Deutsche Medien berichten recht ausführlich über verschiedene Bekämpfungsstrategien weltweit. Am erfolgreichsten, zumindest zeitweise, waren offensichtlich ostasiatische und pazifische Staaten mit einer Kombination aus strikter Quarantäne von Infizierten und akribischer Nachverfolgung von Infektionsketten – darunter nicht nur Diktaturen wie China und Vietnam oder autoritäre Regime wie Thailand und Singapur, sondern auch demokratische Länder wie Japan, Südkorea, Taiwan, Australien und Neuseeland. Entscheidend ist nicht die Regierungsform, sondern konsequentes Durchhalten von zielführenden Maßnahmen. Dass dies hierzulande ignoriert wird, anstatt möglichst viel zu übernehmen, lässt sich als Symptom bornierter Arroganz deuten. Auf in Europa handelsüblichen Weltkarten steht unser Kontinent immer noch im Mittelpunkt; das vermeintliche Zentrum hält es für unnötig, von der Peripherie zu lernen.[55]

Als beispielhaft für diese interkulturelle Ignoranz erweist sich das hiesige Verständnis von Datenschutz. Aus diesem Grund wurde für die im Juni 2020 eingeführte Corona-Warn-App eine «dezentrale Architektur» gewählt: Daten werden nicht zentral, sondern nur lokal auf den Smartphones gespeichert, auf denen die App installiert ist. Wird ein Nutzer positiv getestet, muss er via Rückruf bei einer «Verifikations-Hotline» zustimmen, dass andere App-Nutzer gewarnt werden, mit denen er in den letzten 14 Tagen Kontakt hatte, und zusätzlich eine Kennzahl eingeben. Da ist jede Online-Buchung einer Flugreise unkomplizierter.

Es bedarf keiner aufwändigen Studien, um zu verstehen: Ihre Aufgabe, mit Warnungen Infektionsketten zu durchbrechen, kann die App nur erfüllen, wenn möglichst viele einbezogen sind. Also darf man es nicht der Verlässlichkeit einzelner Nutzer überlassen; das Warnen muss automatisiert werden. Es aus Datenschutzgründen den Gesundheitsämtern zu verweigern, ist absurd: Positive Testergebnisse müssen ihnen ohnehin gemeldet werden. Dass der Betroffene in Quarantäne gehört, erfährt sein soziales Umfeld sowieso, wenn er sich halbwegs verantwortungsvoll verhält.

Im Übrigen könnte eine Regierung, die reihenweise Grundrechte außer Kraft setzt, auch verfügen: Wir heben den Datenschutz allein in diesem Punkt für eine befristete Zeit auf – und kehren nach der Pandemie wieder zum rechtlichen Status quo ante zurück; dann werden alle Warn-App-Daten vernichtet. Das dürfte die meisten Menschen kaum stören, da sie sich um digitalen Datenschutz wenig scheren. Sie geben online ständig Persönliches preis und nehmen billigend in Kauf, dass Internet-Riesen daraus präzise Nutzerprofile berechnen, die sie kommerziell ausschlachten. Doch das Thema ist vergiftet.

«Es gibt beim Datenschutz nicht nur Empfindlichkeiten, sondern auch eingefahrene Argumentationsmuster, die wie Textbausteine ausgepackt werden – als gäbe es keinen Unterschied zwischen Facebook und der Stasi, China und dem Gesundheitsamt»[56], bedauert der Schriftsteller Thomas Brussig. Er empfiehlt stattdessen, die Warn-App als Passierschein fürs öffentliche Leben einzusetzen: in Bussen, Arztpraxen, Cafés, Kinos etc., ähnlich wie der geplante digitale Impfausweis für alle EU-Länder. Das Problem, dass rund 30 Millionen Bundesbürger kein App-fähiges Smartphone besitzen, ließe sich rasch beseitigen: indem ihnen von Amts wegen ein Handy mit vorinstallierter Warn-App zugeschickt wird wie die Wahlbenachrichtigungskarte. Die Kosten dafür lägen vermutlich bei unter drei Milliarden Euro – Kleingeld gemessen an den übrigen epidemiebedingten Staatsausgaben.

In Gefahr und größter Not bringt der Mittelweg den Tod

Man könnte einwenden, eine überlastete Verwaltung wäre von solcher Turbo-Digitalisierung vollends überfordert. Mag sein; doch auch bei analogen Maßnahmen zur Seuchenbekämpfung gibt es noch viel Spielraum. Alle bisherigen leichten oder harten Lockdowns hatten ein schlechtes Kosten-Nutzen-Verhältnis: weil reduzierte Kontakte im öffentlichen Raum durch Ansteckungen im privaten Bereich egalisiert wurden. Da liegt der Gedanke nahe, einen superharten Lockdown auszuprobieren. Zwei Wochen im Voraus angekündigt, hätte jeder genug Zeit, seine Angelegenheiten zu regeln und den Kühlschrank zu füllen. Dann verlässt drei Wochen lang niemand seine Wohnung. Ausnahmen gelten nur für das

Personal essentieller Einrichtungen wie Krankenhäuser, Kraftwerke, Feuerwehrwachen – und für Handwerker, die Wasserrohrbrüche reparieren. Wem die Lebensmittel ausgehen, dem bringt die Bundeswehr Proviantpäckchen vorbei. Danach ist das Virus praktisch ausgerottet; die wenigen Infektionsfälle, die noch auftreten, könnten von den Gesundheitsämtern leicht bewältigt werden. Falls nicht, wird notfalls das ganze Land nach einer Karenzzeit wieder drei Wochen lang stillgelegt. So anstrengend eine derartige Rosskur ist: Wäre sie nicht dennoch leichter zu ertragen als monatelange Schwebezustände? Mit umfassenden Ausgangssperren haben etwa Australien und Neuseeland erfolgreich ihren Krankenstand auf beinahe Null reduziert. Allerdings würde derlei voraussetzen, dass auch die Wirtschaft drei Wochen lang ihre emsige Geschäftigkeit einstellt – diese Forderung grenzt hierzulande an Blasphemie.

Umgekehrt könnte man es mit beherzten, aber kontrollierten Teilöffnungen versuchen. Nicht nur Schweden, sondern auch andere Staaten lassen große Bereiche des öffentlichen Lebens weiterlaufen, ohne dadurch ihre Friedhöfe zu füllen. Das gilt vor allem für Entwicklungsländer, denen nichts anderes übrigbleibt, weil ihnen die Ressourcen für Überbrückungshilfen fehlen. Man könnte beispielsweise Hotels und Restaurants, Sporthallen und Schwimmbäder oder Kinos und Museen bundesweit oder regional öffnen, um ihren Anteil am Infektionsgeschehen präzise zu ermitteln: Jeder, der die AHA-Regeln beachtet und persönliche Daten zur Kontaktverfolgung hinterlässt, darf sie uneingeschränkt nutzen. So ließen sich binnen drei Wochen mit Einzelstudien empirisch belegen, welche Einrichtungen in welchem Umfang zur Virenverbreitung

151

beitragen. Anstatt pauschal ganze Gesellschaftssphären auszuknipsen, ohne annähernd zu wissen, inwieweit das zur Eindämmung der Pandemie beiträgt oder nicht.

Dies sind nur einige der denkbaren Optionen; welche wann umgesetzt werden könnten, sollte in einer lebendigen Demokratie Gegenstand intensiver Debatten sein. Sie bleiben aus. Alternativen zum offiziellen Schlingerkurs werden nicht einmal ansatzweise durch-diskutiert; Einzelinitiativen wie die von Brussig verhallen ungehört. Stattdessen warten alle ergeben darauf, dass Impfung ihnen Immunität beschert, um die Seuche zu vergessen.

«In Gefahr und größter Not bringt der Mittelweg den Tod», lautet der Titel eines Autorenfilms von 1974; damit zitieren die Regisseure Alexander Kluge und Edgar Reitz ein Epigramm des schlesischen Barockdichters Friedrich von Glogau. Diese Lebens-weisheit ignoriert unser politischer Betrieb. Seine atemberaubende Einfallslosigkeit lässt sich nicht allein auf den Köhlerglauben an eindeutige wissenschaftliche Vorgaben, das Kompetenzwirrwarr im Föderalismus oder kollektive Versäumnisse im Sommer 2020 zurückführen. Sie hat tiefere, strukturelle Ursachen, die in Deutschland stärker ausgeprägt sind als anderswo. Um sie zu verstehen, empfiehlt sich ein kurzer Rückblick auf klassische politische Philosophie.

Hobbes versus Locke

Die Staatstheorie der Neuzeit beginnt mit Thomas Hobbes (1588–1679). Ihm zufolge gab es einen Natur-zustand, in dem die Menschen in ständiger Furcht voreinander lebten: Jeder konnte potentiell jeden umbringen. Um ihre Todesangst zu überwinden, traten sie ihr Recht zur Selbsterhaltung und -verteidigung in einem Gesellschaftsvertrag an einen Souverän ab, den «Leviathan» (Hobbes' Hauptwerk): Der Staat hat das absolute Gewaltmonopol, um das Leben seiner Bürger zu schützen – diese schulden ihm dafür Gehorsam. Wichtigster Zweck des Staates, und damit Legitimation seiner Regierung, ist folglich der Lebenserhalt seiner Bürger.

Ein halbes Jahrhundert später bestimmte John Locke (1632–1704) das Selbsterhaltungsrecht und den Gesellschaftsvertrag deutlich anders. Um sich selbst zu erhalten, müssen Menschen arbeiten; dadurch erwerben sie das Eigentumsrecht an ihren Produkten. Die Einführung von Geld verstärkt Konkurrenz und Konflikte; um sie einzudämmen, wird der Gesellschaftsvertrag abgeschlossen: «Das große und hauptsächliche Ziel, weshalb Menschen sich zu einem Staatswesen zusammenschließen und sich unter eine Regierung stellen, ist ... die Erhaltung ihres Eigentums.»[57] Nach Locke kann die Regierung durchaus Bürger opfern, etwa Soldaten in den Krieg schicken, wenn es für den Staatserhalt unerlässlich ist – ihnen aber ohne ihre Zustimmung keinerlei Eigentum wegnehmen, etwa durch Steuern.

Soweit stark verkürzt zwei der wichtigsten neuzeitlichen Staatstheorien; ihre Autoren ersannen das gedankliche Konstrukt von Gesellschaftsverträgen, um Probleme ihrer Epoche zu lösen. Die religiöse Legitimation von Monarchen, das Gottesgnadentum, war in den Religionskriegen seit dem 16. Jahrhundert erschüttert worden. Hobbes erfand eine weltliche Legitimation für Alleinherrscher, weshalb er als Begründer des aufgeklärten Absolutismus gilt. Im Widerspruch dazu verfocht Locke die Ansprüche der besitzenden Klassen – indem er die Verteidigung der Eigentumsordnung zum höchsten Staatsziel erklärte. Die Gesellschaft, in der beide Denker tätig waren, ist vergangen; doch ihre Argumentationslinien bleiben bis heute wirksam.

Hobbes begründete ein Verständnis des Staates, das den Schutz von Leben und Gesundheit der Bürger als seinen obersten Daseinszweck ansieht. Es lässt sich als konservativ-autoritär bezeichnen: Wenn es ums Ganze geht, müssen sich die Untertanen der Staatsräson fügen. Für Locke hingegen war der Staat eher ein Erfüllungsgehilfe der Bourgeoisie, die 1776 in der amerikanischen und 1789 in der französischen Revolution die Macht übernehmen sollte: Ihr lag daran, die Regierung mit Gewaltenteilung und *checks and balances* so einzuhegen, dass ihre ökonomischen Interessen unangetastet blieben. Damit sind zwei gegensätzliche Pole der modernen Staatsauffassung benannt.

Verortet man in diesem grob vereinfachten Spektrum die Bundesrepublik, liegt sie sehr nahe am Staatskonzept von Locke – näher als die meisten westlichen Länder. Nicht obwohl, sondern gerade weil Deutschland zuvor an Hobbes orientiert war: Das Kaiserreich und vor allem die NS-Diktatur betrieben maßlose Machtpolitik, die in zwei Weltkriegen komplett scheiterte. Gezwungenermaßen verzichtete die Bonner Republik nach 1949 auf solche Ambitionen und konzentrierte sich auf Wirtschaftswachstum. Nicht das Grundgesetz, sondern Ludwig Erhards Programmschrift «Wohlstand für Alle» ist die eigentliche Verfassung der Bundesrepublik. Bei Auslandsreisen von Regierungsmitgliedern sitzen deshalb oft Top-Manager mit im Flugzeug; ihre Vertragsabschlüsse sind ein wichtiger Grund für die Visite.

Dienstleister für bequeme Konsumenten

Der neoliberale Deregulierungsschub der letzten 30 Jahre hat das Selbstverständnis der politischen Klasse endgültig durchkommerzialisiert. Sie betrachtet die Wahlbürger als Konsumenten staatlicher Leistungen, mit denen die Regierung per Endlos-Feedbackschleife kommuniziert. Man verteilt hier ein paar Fördergelder, dreht dort an der Abgabenspirale – und starrt dann auf Meinungsumfragen, was die Empfänger davon halten. Wie TV-Intendanten, die ihr Programm von heute nach den Einschaltquoten von gestern ausrichten.

Dabei erfüllt Demoskopie dieselbe Funktion wie Algorithmen bei Youtube oder Facebook: Nichts auf der Mattscheibe darf vom Vorigen erheblich abweichen, damit die Nutzer bei der Stange bleiben. Das «Mehr vom Gleichen»-Prinzip ähnelt paradoxerweise eher dem imperativen Mandat in Räterepubliken als dem repräsentativen Parlamentarismus, in dem für die Dauer der Legislaturperiode die Abgeordneten sich unbehelligt um das Gemeinwohl kümmern sollen. Dieses Politikverständnis hat der Ko-Vorsitzende der Grünen Robert Habeck in der «ARD-Tagesschau» vom 11. Januar so zusammengefasst: Der Staat als «Dienstleister» solle seinen Bürgern das Dasein möglichst «bequem» machen.[58] Und wenn es unbequem wird, fordern sie beim Bundesamt für Verbraucherschutz ihr Rückgaberecht ein.

In diese Wohlfühlrepublik Kaufland bricht das Virus wie eine Plage aus sehr ferner Zeit ein, etwa vor hundert Jahren – also fast der Frühen Neuzeit. Entscheidungsträger, die sich sonst vorwiegend mit Wirtschaftsförderung und Sozialtransfers beschäftigen, sollen plötzlich Leib und Leben von 83 Millionen Menschen retten; also im Nu den behaglichen Besitzbürger-Staat à la Locke in einen wehrhaften Trutzburg-Staat à la Hobbes verwandeln. Mit einer Verwaltung, die nur überbezahlte Unternehmensberater «schlank» nennen: Abseits von kleinen Inseln der Seligen vornehmlich im Süden der Republik ist sie so unterfinanziert, antiquiert und ausgezehrt, dass es einen bei jedem Behördengang barmt.

Woran nicht 'die Politik' schuld ist, sondern gleichfalls die gesamte Gesellschaft: Wenn sie drei Jahrzehnte lang stets diejenigen Kandidaten wählt, die ihr Steuersenkungen und Investitionsanreize versprechen, damit mehr Geld für Eigenheimbau, Rentenvorsorge und Zocken an der Börse übrigbleibt, darf man nichts anderes erwarten – von nichts kommt nichts. Dass der öffentliche Dienst vor allem Bewerber anzieht, die in vergilbten Amtsstuben ruhige Kugeln schieben wollen, kann ebenso wenig verwundern. Der Staatsapparat schickt kluge Köpfe systematisch weg: Mit der «Bologna-Prozess»-Hochschulreform wurde Millionen von Schulabgängern suggeriert, dass ein dreijähriges Bachelor-Studium ausreicht, um als *high potentials* bald reich zu werden. Dafür bräuchten sie nur schleunigst Start-Ups zu gründen, Apps zu programmieren oder Investment-Portfolios zu optimieren, um anschließend an die Börse zu gehen.

Nun sollen nicht kapitalmarktfähige Oberinspektoren und Amtsräte mit Fax-Geräten und Excel-Tabellen flugs eine Kampagne nach der anderen durchziehen: Überbrückungshilfen, Schnelltests für Alle und Impfstoff-Verteilung. Während die Wahlbürger demütig Ausgangssperren und Reisewarnungen einhalten und darauf warten, dass etwas passiert. Und warten, und warten... Eigeninitiative oder zivilgesellschaftliches Engagement werden weder von ihnen angeboten noch von staatlichen Stellen abverlangt. Medizinstudenten als Hilfspfleger und Bundeswehrsoldaten in den Gesundheitsämtern müssen reichen.

Durchschnittsbürger können für ihre Steuerzahlungen erwarten, dass ihr Wellness-Staat sie auch in dieser Notlage rundum versorgt und betreut. Hauptsache, die Geldbörse bleibt unangetastet: Bereits im Mai 2020 versicherte Bundeskanzlerin Angela Merkel im Bundestag, zur Bewältigung der Coronakrise seien «keinerlei Erhöhungen von Abgaben und Steuern geplant».[59] Später schob sie nach, es werde auch keine Kürzung von Sozialleistungen geben. Die größte Krise dieses Landes seit 70 Jahren soll also durch kreative Buchhaltung finanziert werden: Mega-Schulden werden auf Jahrzehnte gestreckt und scheibchenweise abbezahlt – sobald die Wirtschaft wieder brummt. Das Einzige, was in Deutschland wirklich zählt.

Alles muss sich ändern, damit alles bleibt, wie es ist: Dieses Mantra der Merkel-Ära bleibt auch in einer «epidemischen Lage von nationaler Tragweite», so die Definition des Infektionsschutzgesetzes, unangetastet. Dass dafür mehr Grundrechte als je zuvor seit 1945 ausgehebelt werden, nimmt die Mehrheit gleichmütig hin: Etwas zu unterlassen, ist stets einfacher, als etwas zu tun – Veränderungen könnten ja liebgewonnene Gewohnheiten ankratzen. Ihre Passivität beruht jedoch nicht allein auf trägem Verharren in Routine oder Verwirrung durch den Paradigmenwechsel vom Locke- zum Hobbes-Staat. Hinzu kommt ein weiterer, entscheidender Aspekt, den die Deutschen mit anderen westlichen Gesellschaften teilen; allerdings ist er hierzulande besonders stark ausgeprägt.

Koste es, was es wolle

Seit mehr als 2000 Jahren sind Ärzte dem Eid des Hippokrates verpflichtet: «zu Nutz und Frommen der Kranken», um sie zu «bewahren vor Schaden und willkürlichem Unrecht».[60] 1900 Jahre konnten sie dem wohlgemut zustimmen, da es sowieso nicht einzuhalten war; ihr mageres Wissen verschlimmerte Krankheiten eher, anstatt sie zu heilen. Vor etwa hundert Jahren änderte sich das radikal; ihre Fertigkeiten zu Lebenserhalt und -verlängerung ließen Pharmazie und Apparatemedizin zu einem der größten Wirtschaftszweige heranwachsen. Die Aufwendungen für die drei letzten Lebensjahre eines Menschen betragen ein Viertel der Gesundheitskosten seines gesamten Lebens. Allein das allerletzte Jahr schlägt mit rund 45.000 Euro zu Buche, was neun bis elf Prozent der Gesamtkosten entspricht. 20 Prozent der Ausgaben für Krankenhäuser entfallen auf Patienten, die binnen eines Jahres sterben.[61]

Sorge und Pflege für Menschen an der Schwelle des Todes sind also ein blendendes Geschäft. Daher beteuern Vertreter des medizinisch-industriellen Komplexes ohne Unterlass, sie würden alles, aber auch wirklich alles versuchen, um jedes Leben bis an die äußersten Grenzen des Machbaren zu verlängern – koste es, was es wolle. Diesen Sachverhalt hatte der Tübinger Oberbürgermeister Boris Palmer (Grüne) im Auge, als er im April 2020 kritisierte: «Wir retten in Deutschland möglicherweise Menschen, die in einem halben Jahr sowieso tot wären – aufgrund ihres Alters und ihrer Vorerkrankungen.»[62] Daraufhin fiel die veröffentlichte Meinung unisono über ihn her; Palmer hatte ins Schwarze getroffen.

Mit ihrem untrüglichen Sinn für mehrheitsfähige Floskeln hatte Angela Merkel zuvor am 18. März in ihrer TV-Ansprache an die Nation die Parole ausgegeben: «Wir sind eine Gemeinschaft, in der jedes Leben und jeder Mensch zählt.»[63] Koste es, was es wolle – das hören vor allem die Alten gern. Ende 2019 waren 18 Millionen Deutsche älter als 65 Jahre; das sind fast ebenso viele Personen wie alle Jungen unter 25 Jahren. Stetig kommen mehr Menschen ins Rentenalter: 2024 werden es rund 23 Millionen sein.[64] Ihre Wahlbeteiligung ist überdurchschnittlich hoch, und häufiger als jede andere Altersgruppe wählen sie CDU. Kein Wunder, dass die ewige Regierungspartei vor allem Rentner-Wünsche bedient.

In der Corona-Pandemie bedeutet das: alles zum Lebenserhalt der Alten zu tun, denn sie sind mit Abstand am meisten gefährdet. Etwa jeder zehnte Über-80-Jährige stirbt an einer Infektion, während das bei den Unter-70-Jährigen höchstens jeden hundertsten trifft.[65] Der Gesundheit von rund 5,5 Millionen Über-80-Jährigen[66] – genauer: der halben Million, die eine Ansteckung nicht überleben würde – zuliebe müssen also auch die anderen 78 Millionen Bundesbürger seit einem Jahr rigide Einschränkungen ertragen.

Anfangs kam der Vorschlag auf, gefährdete Greise etwa in Heimen besonders stark zu schützen, mit umfangreichen Vorkehrungen. Und ihnen Vorsicht in Eigenverantwortung nahe zu legen, denn in der Regel ist der Aktionsradius von Hochbetagten eher begrenzt. Das hätte allen Jüngeren mehr Bewegungsfreiheit gelassen – doch solche Vorschläge wurden rasch mundtot gemacht, weil sie unsolidarisch seien.

Dieser Solidaritäts-Appell mag befremdlich erscheinen in einer Gesellschaft, die bei Einkommen, Bildung, Milieu und Zukunftschancen gespaltener ist denn je. Doch für das Gesundheitssystem ist die Fiktion der Gleichheit aller Pflichtversicherten von 0 bis 100 Jahren ein willkommenes Totschlagsargument, um Kritik zu unterbinden: Mit Verweis auf die 'Solidargemeinschaft' wehrt es jede externe Kontrolle ab, um Leistungen und Preise wie gewohnt in Hinterzimmer-Runden auszukungeln. Sie finden Computertomographen für 900.000 Euro zu teuer? Wie unsolidarisch!

Jedes Leben zählt

Gesundheitsvorsorge um jeden Preis ist nicht allein auf Corona-Prävention beschränkt. In den letzten Jahren wächst das Bestreben, ausnahmslos jedes gefährdete Leben zu retten – koste es, was es wolle. Ein Beispiel: In Deutschland starben 2003 bei Bränden 475 Menschen. Dann setzte der Lobbyistenverein «Forum Brandrauchprävention»[67] eine Rauchwarnmelder-Pflicht für alle Gebäude durch. Ende des Jahres war Rheinland-Pfalz Vorreiter; bis 2017 zogen die übrigen Bundesländer nach. Dadurch sank die Zahl der Todesopfer durch Flammen und Rauch auf 343 im Jahr 2019.[68] Mit anderen Worten: Um etwa 130 Menschen pro Jahr vor dem

Feuertod zu bewahren, wurden in rund 40 Millionen Wohnungen in Deutschland mehr als 100 Millionen Feuermelder zum Stückpreis ab 15 Euro installiert. Sie müssen alljährlich gewartet werden; ein sicheres und einträgliches Geschäft. Jedes Leben zählt, sagt Merkel.

Auf die Bedrohung durch Viren reagierte die Bevölkerung vor einem halben Jahrhundert ganz anders. 1969/70 grassierte weltweit die Hongkong-Grippe; an ihr starben in der Bundesrepublik rund 40.000 Menschen, in der DDR mehr als 12.000. Elf Jahre zuvor hatte die Asiatische Grippe die Welt überrollt; an ihr starben etwa 30.000 Bundesdeutsche.[69] Beide Grippewellen wurden von Politik und Gesellschaft fatalistisch hingenommen, obwohl Zustände herrschten, die es nach heutiger Auffassung um jeden Preis zu vermeiden gilt: überfüllte Kliniken, Medikamentenmangel und stapelweise Särge.[70]

Man darf annehmen: weil den meisten Betroffenen noch das Massensterben im Zweiten Weltkrieg präsent war. Daran erinnern heute nur noch Sonntagsreden an Gedenktagen. Die Endlichkeit des Lebens ist für heutige Verbraucher-Wahlbürger ein unerträglicher Gedanke, weil die Wohlfühlindustrie alles tut, um ihnen derartige Anblicke vorzuenthalten; sie gaukelt vor, ein allzuständiges Sozialsystem werde ihnen den Tod bis ultimo ersparen. Andernfalls könnte ja das Konsumklima leiden, und damit das Wirtschaftswachstum.

Die meisten Demokratien westlichen Typs altern, aber nur Japan ist so überaltert wie Deutschland. Also fügt sich die Solidargemeinschaft und trägt sämtliche Maßnahmen brav mit; schließlich werden alle eines Tages alt sein. Dass Jüngere dereinst mangels Nachwuchses nicht annähernd so viel Entgegenkommen und Versorgung erhalten werden, wie heutige Alte in Anspruch nehmen, kümmert die politische Klasse nicht: Im Wahlkampf des Superwahljahrs spielt der sperrige Begriff Generationengerechtigkeit kaum eine Rolle.

Samt aller bohrenden Fragen: Wie viel Umverteilung wollen rüstige Greise ihren Nachkommen noch zumuten – und wie viel sind jene noch hinzunehmen bereit? Sollen ständig mehr Gelder umgeschaufelt werden, um das Lebensende so lang und komfortabel wie möglich auszudehnen? Oder wird eine Höchstgrenze zur Zwei-Klassen-Medizin führen: Reiche leisten sich neueste Spitzenprodukte, und alle anderen müssen mit mageren Kassenleistungen auskommen, bis sie von ihrer Hinfälligkeit so demoralisiert sind, dass sie Sterbehilfe in Anspruch nehmen? Die Corona-Pandemie wäre der richtige Anlass, um über den Fluchtpunkt unseres Gesundheits- und Sozialsystems nachzudenken. Doch das scheuen alle Verantwortlichen zurecht: Wer lässt sich schon gern nachsagen, er wolle Oma umbringen oder umgekehrt ihre Enkel ausplündern? Also bitte auf Wiedervorlage für den Nachfolger.

Brandreden der Bußprediger

Unwillen und/oder Unfähigkeit, der Pandemie mit kreativer Improvisation zu begegnen, kennzeichnen auch Nachbarstaaten. Vermutlich erscheinen sie aber nirgends so freudlos und sauertöpfisch wie in der Bundesrepublik, was auch am Auftreten des Führungspersonals in Politik und Wissenschaft liegen dürfte. Sei es die Kanzlerin, die unablässig das Schreckensszenario beschwört, jede Lockerung könnte die Intensivstationen überlasten

– die selbst beim höchsten Krankenstand kurz nach Silvester nur zu zwei Drittel belegt waren.[71] Sei es der allgegenwärtige SPD-Gesundheitsexperte Karl Lauterbach, der als Dauergast in Talkshows vor Mitgefühl mit jungen langzeitgeschädigten Covid-Kranken vergeht — eine winzige Minderheit, soweit bislang bekannt.

Viele andere Amtsträger und Experten, die von den Medien zu Rate gezogen werden, überbieten sich ebenfalls mit Forderungen nach rigorosen Restriktionen und Mahnungen vor vorschnellen Lockerungen. Damit verkörpern sie den Typus des disziplinierten Pflichtmenschen, der jedes Genusses abhold allein für seine Aufgabe lebt. Seine «innerweltliche Askese», so der Soziologe Max Weber, beruht ursprünglich auf dem Auserwähltheits-Bewusstsein der Calvinisten: Wen Gott liebt, dem zeigt er seine Gunst durch Erfolge auf Erden. Solche Ausgezeichneten sind befugt, ihre Mitmenschen zu Verzicht und Entsagung anzuhalten. Ihre eigene Enthaltsamkeit beglaubigt die Lauterkeit ihrer Absichten. Sie wollen doch nur unser aller Bestes.

Zwar treten die zeitgenössischen Bußprediger nicht in härenen Gewändern auf Marktplätzen, sondern in Kostüm und Anzug bei Pressekonferenzen auf, doch ihre Zuchtmeister-Brandreden klingen ähnlich. Dabei bedienen sie geschickt die Aufmerksamkeitsökonomie in latent überreizten Mediengesellschaften, die ständig neue Stimuli suchen: Alarmismus ist Trumpf. Wer am lautesten und schrillsten warnt, bestätigt und befördert die eigene Bedeutung. Umgekehrt macht, wer Entwarnung gibt, sich mittelfristig selbst entbehrlich. Wenn sich die Lage entspannt und wieder ins Lot kommt, braucht es keine Warner mehr.

Daher finden Lautsprecher, sofern sie nicht krass übertreiben, jederzeit Gehör. Nicht, weil die lauschende Menge ihnen jedes Wort glaubte, sondern weil sie an tief verwurzelte Wesenszüge der Deutschen appellieren: ihre Risikoscheu und Sicherheitssucht. Wie alle eingefleischten Laster sind auch diese nie endgültig zu befriedigen; furchtsame Geister finden dauernd neue Gefahren, die es zu bannen, und Einfallstore, die es zu verriegeln gilt. Sonst könnte ihnen alles weggenommen werden – wie damals im Bombenhagel des Zweiten Weltkriegs.

Deshalb igelt sich die Mehrheit ein, klammert sich am Erreichten fest und harrt im Dauerwinterschlaf aus; das sah ich auf meiner Tour in zahllosen Spielarten. So haben sich meine anfänglichen Erwartungen übererfüllt: Ich lernte mein Land besser kennen und gewann tiefere Einblicke, als ich zu hoffen gewagt hätte. Diese Gesellschaft wirkt so saturiert und sediert, so eingerostet und erstarrt, dass sie gar nicht anders kann als dem Slogan zu folgen, mit dem die CDU schon 1986 Wahlwerbung machte: «Weiter so, Deutschland!». Auch die Linkspartei formuliert als konkrete Utopie nur noch: «Sicherer Job, planbares Leben».[72]

Mit dieser Haltung lassen sich zwar weder Corona noch künftige Krisen effizient bewältigen, doch das stört die Meisten wenig – ihnen fehlt der Leidensdruck. Sie erwarten vom Leben kaum mehr als online bestellte XL-Pizzen und XL-Bildschirme, Sommerferien am XL-Pool samt XL-Buffet und alle paar Jahre einen neuen XL-SUV vor der Tür. Im Regime der Großen Koalition der Langweiler kann die Pandemie in Deutschland zwangsläufig keinen anderen Verlauf nehmen als den, den sie nimmt: Jedes Volk bekommt die Seuchenbewältigung, die es verdient. Dagegen lässt sich wenig ausrichten. Außer mit kleinen Fluchten; etwa aufs Rad steigen und einfach losfahren.

Anti-Corona-Training

Auf keine andere Weise kann man der Corona-Malaise leichter entkommen. Dass der Verkehr abgenommen hat und sich viele Menschen aus dem öffentlichen Raum zurückziehen, ist sehr vorteilhaft. In dieser relativen Stille und Leere lässt sich umso besser erfahren, was dieses Land eigentlich ausmacht. Angefangen mit dem kontinuierlichen Erleben seines Territoriums, das an den Küsten mit weiten, kargen Ebenen beginnt. Allmählich werden sie welliger. Erst sanft und kaum merklich, dann zusehends gewölbter; jeder Anstieg geht in die Beine, jede Abfahrt wird zur Schussfahrt. Die Landstriche werden immer mehr von Hügeln und Kuppen durchsetzt und gegliedert; sie falten sich schließlich zu Mittelgebirgen auf, die sich nur in Flusstälern zügig durchradeln lassen.

Dabei folgen die Landschaften nicht stufenweise aufeinander, sondern sind eher durcheinandergequirlt: Südlich vom Harz durchziehen Höhenzüge kreuz und quer die Topographie, abwechselnd mit eher flachen Gegenden. Die kleinteilig unterschiedlichen Geländeformationen prägen ihre Bewohner. Deutschland erscheint als Flickenteppich verschiedenster Bautraditionen, Dialektausdrücke und Kochrezepte. So abwechslungsreich auf engem Raum sind nicht viele Weltgegenden.

Am besten lässt sich das mit dem Rad entdecken. Seitdem Google Maps und ähnliche Online-Kartendienste mit Satellitenbildern den ganzen Planeten abdecken, bedauern manche, alles sei erfasst und vermessen; es gebe nichts mehr zu entdecken. Aber das stimmt nicht: Auf der Mikroebene versagen Google Maps und Konsorten. Das halb verborgene Wurzelwerk des Verkehrsnetzes, dieses verschlungene Geflecht aus Feld-, Waldwegen und Trampelpfaden, taucht auf Digital-Landkarten nur angedeutet oder gar nicht auf.

Wenn ich darin eintauche, fühle ich mich schlagartig als Kundschafter auf unerforschtem Terrain. Zumal mir dort im Januar sehr selten Leute begegnen. Um rasch voranzukommen, sind solche Routen natürlich völlig ungeeignet. Doch manchmal bieten sie sich für eine gewisse Strecke an: als Abkürzung oder schlicht bei Überdruss an eintönigen Landstraßen. Selbst wenn ich wenig später über den Matsch schimpfe, in dem ich stecken bleibe – solche Eindrücke bleiben im Gedächtnis haften.

Das gilt nicht nur für Abstecher ins Unterholz. Auch die dicht besiedelte Bundesrepublik ist über weite Strecken vor allem Naturschauspiel mit spärlichen Zeugnissen menschlicher Präsenz; dafür voller Panoramaansichten in Postkartenqualität. Etwa an der Mittelelbe: An ihr mäanderndes Bett zwischen ausgedehnten Auen mit kümmerlichem Buschwerk kommt man meist nur über Dammkronen und Schleichwege heran. Schaue ich vom Ufer auf den kaum regulierten, rasch dahinströmenden Fluss, erscheint er mir wie einer der mächtigen Ströme Sibiriens, deren Namen hierzulande keiner kennt. Oder auch in der Rhön nach Schneefall: Dann sind die Wipfel fast nachtschwarzer Nadelbäume zuckrig bestäubt wie auf romantischer Landschaftsmalerei von Caspar David Friedrich oder Carl Gustav Carus. Von Hochnebel eingehüllte Hügel schieben sich so dicht ineinander, dass ich sie ohne die schmalen hellen Einfassungen von Bächen und Straßen gar nicht unterscheiden könnte. Diese elegische Winteridylle würden Sonnenschein und Vogelgezwitscher nur stören.

Solche Momente entschädigen für Nässe und Kälte, für klamme Finger und Grobiane am Steuer, die mir manchen Schreck einjagen. Weniger für den Wegfall von Gastronomie: Am meisten habe ich kleine, spontane Kaffeepausen vermisst, um in einer warmen Stube beim Koffein- und Zucker-Fix kurz zu entspannen. Meine Thermoskanne mit Tee war meist nach dem halben Tagespensum schon leer, und weitere Heißgetränke bekam ich oft nur an Tankstellen – draußen vor der Tür zwischen Zapfsäulen.

Andererseits habe ich auf dieser Tour gelernt, wie wenig ich für eine Deutschland-Durchquerung tatsächlich benötige, selbst im Januar. Vom Inhalt meiner mit Kleidung und Werkzeug vollgestopften Satteltaschen blieb ungefähr die Hälfte unberührt. In der wärmeren Jahreszeit wäre ich wohl mit noch weniger ausge-kommen. Dieses Erlebnis der (Selbst-)Genügsamkeit tat mir sehr gut; seither fühle ich mich gegen manches gewappnet. Auch gegen das Corona-Virus: Als Training der Abwehrkräfte ist eine 24-tägige Radtour im Januar arg strapaziös – aber auch sehr wirksam.

Anmerkungen

[1] zit. nach: Robert Birnbaum: Altmaier verteidigt Nord Stream 2, in: Der Tagesspiegel, 8.2.2021, S. 5

[2] Maas will bei Nord Stream 2 hart bleiben, Welt Online, 28.12.2020, https://www.welt.de/newsticker/dpa_nt/infoline_nt/wirtschaft_nt/article223313644/Maas-will-bei-Nord-Stream-2-hart-bleiben.html; aufgerufen am 25.04.2021

[3] vgl. Martin Machowecz und Martin Nejezchleba: Nord Stream 2: Welchen Zweck hat die Stiftung?, in: Die Zeit, 13.1.2021; https://www.zeit.de/2021/03/nord-stream-2-manuela-schwesig-stiftung-gazprom-usa-russland?utm_referrer=https%3A%2F%2Fde.wikipedia.org%2F; aufgerufen am 25.04.2021

[4] vgl.: https://mariandl-am-meer.de/; aufgerufen am 25.04.2021

[5] Vgl. https://www.radroutenplaner-deutschland.de/

[6] Vgl. http://www.statistikportal.de/de/transport-und-verkehr/ueberoertlicher-verkehr, aufgerufen am: 27.04.2021

[7] vgl.: «Januar 2021: Radwege in den Bundesländern», 31.01.2021: https://nationaler-radverkehrsplan.de/de/aktuell/nachrichten/radwegebau-den-bundeslaendern-61; aufgerufen am: 15.03.2021

[8] vgl.: https://de.statista.com/statistik/daten/studie/154198/umfrage/fahrradbestand-in-deutschland/; aufgerufen am: 18.04.2021

[9] vgl.: Verband des Deutschen Zweiradhandels: Der Fahrradfachhandel 2020/2021, S. 2, 10.3.21; https://www.vdz2rad.de/wp-content/uploads/sites/27/2021/03/2021_03_10_Presseinfo-VDZ.pdf; aufgerufen am: 18.04.2021

[10] Vgl.: Bundesministerium für Verkehr und digitale Infrastruktur: Fahrradland Deutschland 2030 - Nationaler Radverkehrsplan 3.0, S. 9 ff.; https://www.nationaler-radverkehrskongress.de/wp-content/uploads/210420-NRVP-3.0-web.pdf, aufgerufen am 27.04.2021

[11] Vgl. etwa: Deutsche Welle: Faktencheck: Wie groß ist die Corona-Infektionsgefahr draußen?, 12.04.2021; https://www.dw.com/de/faktencheck-coronavirus-infektionsgefahr-im-freien/a-56770832?utm_source=pocket-newtab-global-de-DE; aufgerufen am 10.05.2021

[12] Vgl.: Infranken.de: Neue Allgemeinverfügung - Änderungen bei der Maskenpflicht in der Innenstadt,16.02.2021; https://www.

infranken.de/lk/wuerzburg/corona-wuerzburg-erst-testen-dann-shoppen-neue-teststelle-in-der-stadt-art-4932108; aufgerufen am: 27.04.2021

[13] In Sachsen-Anhalt liegt dieser Wert bei 270, in Brandenburg bei 242 Hektar, in anderen Ländern weit darunter. Vgl.: Statistisches Bundesamt: Strukturwandel in der Landwirtschaft hält an, Pressemitteilung vom 21.01.2021; https://www.destatis.de/DE/Presse/Pressekonferenzen/2021/LZ2020/pm-lz2020.pdf?__blob=publicationFile

[14] Bundesinstitut für Bau-, Stadt- und Raumforschung: Raumordnungsprognose 2040 (BBSR-Analysen Kompakt 03/2021), S. 7f.; https://www.bbsr.bund.de/BBSR/DE/veroeffentlichungen/analysen-kompakt/2021/ak-03-2021-dl.pdf;jsessionid=786181D3775C5C93634E22BCD725DFB2.live11311?__blob=publicationFile&v=4

[15] Vgl.: Entwicklung der Gesamtbevölkerung Deutschlands von 1871 bis 2019; https://de.statista.com/statistik/daten/studie/1358/umfrage/entwicklung-der-gesamtbevoelkerung-deutschlands/

[16] Vgl.: https://de.wikipedia.org/wiki/Liste_von_gro%C3%9Fen_Einkaufszentren_in_Deutschland

[17] Vgl.: https://www.bevh.org/presse/pressemitteilungen/details/e-commerce-in-dach-uebersspringt-100-mrd-euro-deutschsprachiger-markt-fuehrend-in-europa.html

[18] Vgl.: https://www.bevh.org/presse/pressemitteilungen/details/umsaetze-im-e-commerce-im-1-quartal-2021-weiter-von-corona-effekten-gepraegt-bereinigtes-wachstum-z.html

[19] Vgl.: https://www.tagesspiegel.de/wirtschaft/das-wird-sich-nicht-mehr-umkehren-fuenf-problematische-folgen-des-massiven-onlinehandels/27125640.html?utm_source=pocket-newtab-global-de-DE

[20] Vgl. Martin Hogger: Wenn der Supermarkt fehlt, Main-Post vom 25.01.2021, S. 19

[21] Vgl. Aileen Tiedemann: Zukunft ungewiss, in: mobil Ausgabe 12/2020, S. 24-33

[22] Vgl. Leonard Laurig: Innerlich leer, in: Der Tagesspiegel vom 23.02.2021, S. 3

[23] Niklas Maak: Die Läden dicht und alle Fragen offen, in: F.A.Z. vom 29.09.2020, S. 11

[24] Vgl. HDE: 100 Tage Lockdown - Verzweifelte Lage bei vielen Händlern: Geschätzter Umsatzverlust zwischen 35 und 40 Milliarden Euro, 26.03.21; https://einzelhandel.de/index.php?option=com_content&view=article&id=13248, aufgerufen am 22.04.2021

[25] Vgl. Jan Hauser: Kitas und Wohnungen ins Zentrum, in: F.A.Z. vom 22.04.2021, S. 17

[26] Vgl.: SEMAEST: Redynamiser le commerce de proximité; https://www.semaest.fr/la-semaest/nos-missions/, aufgerufen am 22.04.2021

[27] Vgl.: «Corona-Fälle der letzten 7 Tage», vielfarbige Infografik des Bundesgebiets, 26.01.2021, S. 2

[28] Daniela Petersen: Kreis Fulda bleibt hessenweit an der Spitze, Fuldaer Zeitung, 22.01.2021, S. 3

[29] Vgl.: Marie Röverkamp und Oliver Voss: 50 Versuche bis zum Termin, Der Tagesspiegel, 24.02.2021, S. 13

[30] http://www.initiative-pro-spessart.de/2014/Flyer_Mitgliederserklaerung_IPS.pdf

[31] https://www.stromautobahn.de/

[32] https://www.gottenheim.de/Gemeinsam/B31GoWest/

[33] Vgl.: Jan-Christoph Eisenberg, Friederike Steesen: Versenkerlaubnis für Salzlauge von K+S: Staatsanwaltschaft erhebt schwere Vorwürfe, in: Hessisch-Niedersächische Allgemeine (HNA) vom 07.05.2021; https://www.hna.de/lokales/rotenburg-bebra/versenkerlaubnis-fuer-salzlauge-von-staatsanwalt-erhebt-schwere-vorwuerfe-90512025.html; aufgerufen am 23.05.2021

[34] Vgl.: https://de.wikipedia.org/wiki/Werra#Kalibergbau_und_Werraversalzung; aufgerufen am 23.05.2021

[35] Vgl.: https://de.wikipedia.org/wiki/Zement

[36] Vgl.: https://pubs.usgs.gov/periodicals/mcs2021/mcs2021-potash.pdf; abgerufen 29.05.2021

[37] Vgl.: https://de.wikipedia.org/wiki/Zement#Zementindustrie_in_Deutschland; abgerufen 25.05.2021

[38] https://de.wikipedia.org/wiki/Automobil; abgerufen am 15.05.2021

[39] "https://www.kba.de/DE/Statistik/Fahrzeuge/Bestand/Jahresbilanz/b_jahresbilanz_inhalt.html; abgerufen am 15.05.2021

[40] Bundesverband CarSharing: Aktuelle Zahlen und Fakten; https://www.carsharing.de/alles-ueber-carsharing/carsharing-zahlen/aktuelle-zahlen-fakten-zum-carsharing-deutschland; abgerufen am 15.05.2021

[41] Statistisches Bundesamt: Wichtigstes deutsches Exportgut 2020: Kraftfahrzeuge; https://www.destatis.de/DE/Themen/Wirtschaft/Aussenhandel/handelswaren-jahr.html

[42] https://de.wikipedia.org/wiki/Liste_der_L%C3%A4nder_nach_Automobilexporten

[43] Vgl.: https://de.wikipedia.org/wiki/Streckenstilllegung; abgerufen am 15.05.2021

[44] Vgl.: Gerald Traufetter: Deutsche Bahn will Stilllegung von Strecken stoppen - und tote Abschnitte reaktivieren, Spiegel Online, 06.12.2019; https://www.spiegel.de/auto/aktuell/deutsche-bahn-stilllegung-von-strecken-bis-auf-weiteres-gestoppt-a-1300027.html; abgerufen am 15.05.2021

[45] Vgl.: https://www.bmvi.de/SharedDocs/DE/Artikel/G/infrastruktur-statistik.html; abgerufen am 15.05.2021

[46] Vgl.: Statistisches Bundesamt: Verkehr im Überblick, Fachserie 8, Reihe 1.2 vom 04.12.2020; https://www.destatis.de/DE/Themen/Branchen-Unternehmen/Transport-Verkehr/Publikationen/Downloads-Querschnitt/verkehr-ueberblick-2080120187004.pdf;jsessionid=BC4F6DC9F0E41D07B13CB79C18403672.internet722?__blob=publicationFile; abgerufen am 15.05.2021

[47] Vgl.: https://www.allianz-pro-schiene.de/themen/gueterverkehr/marktanteile/; abgerufen am 15.05.2021

[48] Vgl.: https://de.wikipedia.org/wiki/Binnenschifffahrt; abgerufen am 15.05.2021

[49] Vgl.: Das Auto ist ein Gewinner der Corona-Krise, in: Badische Zeitung v. 01.02.2021, S. 10; abgerufen am 15.05.2021

[50] Vgl.: Dernières Nouvelles d'Alsace:Tests PCR:les travailleurs frontaliers, premiers dispensés, 31.01.2012, S.2

[51] Vgl.: https://www.theatredelachouc.com/; abgerufen am 12.03.2021

[52] Chloé Aeberhardt: Covid-19: des pharmaciens se refont une santé avec les tests, in: Le Monde v. 16.02.2021; https://www.lemonde.fr/economie/article/2021/02/16/covid-19-des-pharmaciens-se-refont-une-sante-avec-les-tests_6070106_3234.html; abgerufen am

12.03.2021

[53] https://de.statista.com/statistik/daten/studie/118/umfrage/
fernsehkonsum-entwicklung-der-sehdauer-seit-1997/; abgerufen am
15.03.2021

[54] Julia Löhr, Niklas Záboji: Wir haben die Falschen gerettet;,
in: FAZ vom 13.03.2021, S. 19; https://www.faz.net/aktuell/
wirtschaft/corona-hilfen-fuer-unternehmen-zweifel-am-erfolg-
werden-groesser-17241942.html; abgerufen am 15.03.2021

[55] Jürgen Gerhards und Michael Zürn: Warum wir nicht von
asiatischen Ländern lernen: Corona offenbart westliche Arroganz;
in: Der Tagesspiegel vom 09.02.2021; https://www.tagesspiegel.de/
politik/warum-wir-nicht-von-asiatischen-laendern-lernen-corona-
offenbart-die-westliche-arroganz/26893480.html; abgerufen am
15.03.2021

[56] Thomas Brussig: Ab in den grünen Bereich - Die Corona-
App und ihre ungenutzten Möglichkeiten, in: Der Tagesspiegel
vom 29.11.2020; https://www.tagesspiegel.de/kultur/ab-in-
den-gruenen-bereich-die-corona-app-und-ihre-ungenutzten-
moeglichkeiten/26669928.html; abgerufen am 15.03.2021

[57] zit. nach: John Locke: Zwei Abhandlungen über die Regierung,
Frankfurt/Main 1977, S. 38

[58] vgl. Tagesschau-Bericht vom 11.01.2021 über den Abschluss der
Neujahrsklausurtagung der Grünen. In der Online-Fassung ist das
Zitat von Habeck nicht enthalten; https://www.tagesschau.de/
inland/corona-investitionen-forderung-gruene-101.html; abgerufen
am 17.03.2021

[59] Spiegel Online: Merkel schließt Steuererhöhungen derzeit aus,
13.05.2020;

https://www.spiegel.de/politik/deutschland/coronakrise-kanzlerin-
angela-merkel-schliesst-steuererhoehungen-derzeit-aus-a-6d39d79d-
2b75-4827-88db-fdea46a2caca; abgerufen am 17.03.2021

[60] Zit. nach: https://de.wikipedia.org/wiki/Eid_des_Hippokrates;
abgerufen am 19.03.2021

[61] Vgl.: Elke von Rekowski: So hoch sind die Gesundheitsausgaben
im letzten Jahr, in: Mednic, 12.07.2017; https://mednic.de/so-hoch-
sind-die-gesundheitskosten-im-letzten-lebensjahr/5443; abgerufen
am 19.03.2021

[62] Zit. nach: Boris Palmer: Wir retten Menschen, die sowieso bald

sterben, in: Stuttgarter Nachrichten,28.04.2021; https://www.
stuttgarter-nachrichten.de/inhalt.coronavirus-in-deutschland-boris-
palmer-wir-retten-menschen-die-moeglicherweise-sowieso-bald-
sterben.5e861f37-770b-44e6-87a8-6f2a8927135e.html;
aufgerufen am 19.03.2021

[63] Zit. nach: Merkels Ansprache im Wortlaut, Süddeutsche Zeitung,
18.03.2020;
https://www.sueddeutsche.de/politik/angela-merkel-rede-
coronavirus-wortlaut-1.4850582; aufgerufen am19.03.2021

[64] Vgl.: https://de.statista.com/statistik/daten/studie/
1365/umfrage/bevoelkerung-deutschlands-nach-
altersgruppen/#professional; aufgerufen am 20.03.2021

[65] Vgl.: https://www.rbb24.de/panorama/thema/corona/
beitraege/2021/02/geimpfte-tote-covid-19-effekt.html; aufgerufen
am 20.03.2021

[66] Vgl.: https://service.destatis.de/bevoelkerungspyramide/index.
html#!y=2020; aufgerufen am 20.03.2021

[67] Vgl.: https://www.rauchmelder-lebensretter.de/impressum/;
aufgerufen am 20.03.2021

[68] Vgl.: Anzahl der Toten durch Rauch, Feuer und Flammen in
Deutschland von 2000 bis 2019;https://de.statista.com/statistik/
daten/studie/760549/umfrage/tote-durch-rauch-feuer-und-
flammen-in-deutschland/; aufgerufen am 20.03.2021

[69] Vgl.: https://de.wikipedia.org/wiki/Hongkong-Grippe;
aufgerufen am 20.03.2021

[70] Marcel Görmann: „Aus kollektivem Gedächtnis total gelöscht":
50.000 starben in BRD an Pandemie - die Politiker reagierten ganz
anders, in: Münchner Merkur vom 27.04.2020; https://www.merkur.
de/welt/corona-deutschland-hongkong-grippe-pandemie-epidemie-
tote-zr-13699108.html; aufgerufen am 20.03.2021

[71] Vgl.: DIVI-Intensivregister vom 26.05.2021; https://diviexchange.
blob.core.windows.net/%24web/DIVI_Intensivregister_Report.
pdf; aufgerufen am 26.05.2021

[72] Vgl.: https://www.die-linke.de/themen/themen-test/; aufgerufen
am 21.03.2021

Ortsregister

Danksagung

Dieses Buch wäre nicht entstanden ohne die Mithilfe vieler Menschen. Ihnen allen bin ich sehr zu Dank verpflichtet:

Nare Arshakyan, Martin Atzler, Ingrid Beerbaum, Ralph Borchert, Bianca Bürger, Peter Carstens, Dennis Demmerle, Matthias Eder, Ricarda Eggs, Rosanna Eisenmenger-Karapetian, Kirsten Gaede, Susanne Grittner, Carina Hagel, Christian Heilwagen, Marc Heilwagen, Sylvia Heilwagen, Friederike Elena Heitsch, Joachim Heitsch, Sophie von Heppe, Ingmar Höfgen, Sandra Jäger, Moritz von Jagow, Nasrin Karimi, Lars Keller, Philippe Koch, Thomas Klugkist, Elisabeth Kohlmann-Scheinhof, Arlette Michelon, Matthias Müller-Lentrodt, Zara Müller-Safarian, Tobias Münchmeyer, Kirsten Otto, Marita Paschen, Thomas Pfahl, Arno Raffeiner, Svenja Rehse, Philipp Rhensius, Kathleen Roder, Mirko Sansa, Anke Schorlepp, Alexander Simon, Hartmut Schönherr, Jens Schünemann, Kersten Schüßler, Brigitte Sorg, Karl-Heinz Thiel, Gernot Wildschütte, Ulrich Wittenzellner